U0453619

云南省民族文化保护传承和『双百』工程项目图书

· 云南省民族文化保护传承和"双百"工程项目图书 ·

纳西东巴象形文星宿轮值图研究

段　钢　张跃兵　著

云南美术出版社

图书在版编目（CIP）数据

纳西东巴象形文星宿轮值图研究 / 段钢 , 张跃兵著
. ﹣﹣昆明 : 云南美术出版社 , 2023.6
　ISBN 978-7-5489-5338-8

　Ⅰ . ①纳… Ⅱ . ①段… ②张… Ⅲ . ①纳西族—民族
文化—研究 Ⅳ . ① K285.7

中国国家版本馆 CIP 数据核字 (2023) 第 102497 号

责任编辑： 台　文
责任校对： 孙雨亮　杨巧池
装帧设计： 张跃兵

纳西东巴象形文星宿轮值图研究

段　钢　张跃兵　著

出版发行　　云南美术出版社
　　　　　　（昆明市环城西路609号）
开　　本　　889mm×1194mm　1/32
印　　张　　6.5
字　　数　　250千
版　　次　　2023年6月第1版
印　　次　　2023年11月第1次印刷
印　　装　　昆明德厚印刷包装有限公司
书　　号　　ISBN 978-7-5489-5338-8
定　　价　　58.00元

目录

前　述

　　天文历法历来是衡量一个国家以及一个民族文明与进步的重要标志。哲人黑格尔说："一个民族多一些仰望星空的人，他们才有希望；一个民族能审视灵魂，他们才有未来。"作为中华大家庭中的一员，纳西族在源远流长的历史长河中形成了自己的历法，并用"世界上唯一活着的象形文字符号"书写记载于东巴经典之中。纳西族历法建立在学习和兼收并蓄中原历法以及其他民族优秀历法的基础上，结合纳西族自身民族文化元素而形成，是中华民族文化大融合的产物，也是纳西族摆脱愚昧、走向文明的重要标志。

　　纳西东巴文献古籍是世代纳西先民智慧的结晶，传承下来的尚存2万余卷，分别收藏于我国的丽江、昆明、北京、南京、台湾，以及美国、德国、意大利、西班牙等十多个国家。内容涉及学科广泛，被国内外学界誉为"古代纳西族的百科全书"，于2003年入选《世界记忆遗产名录》。

　　在遗存的纳西东巴古籍中保留了一部分纳西东巴象形历书，为后辈之研究提供了珍贵的第一手资料。我们对丽江东巴研究院藏东巴经、哈佛大学燕京图书馆藏东巴经、《纳西东巴古籍译注全集》（100卷）及其他各种渠道收集到的东巴经分别进行甄别，从几千本经书中遴选出记载天文历法相关内容的六十多本古籍，在此基础上运用天文学、符号学、文字学、历史学、比对学、逻辑学、数学等相关知识对其进

1

行了深入研究。本书系云南省民族文化保护传承和"双百"工程项目——纳西东巴象形历法抢救性保护和研究课题主要成果。

本研究围绕世界文化记忆遗产的保护传承与发展，挖掘纳西族与各民族交流交融过程中形成的共同的文化符号，以期通过不断改进创新发展，使之作为中华民族国际文化形象展示的一种方式方法，让各民族群众更加深刻地认识到自己是中华民族大家庭中的一员，让中华民族一家亲的理念和各种优秀文化形象看得见、摸得着，塑造东巴历法的国际文化形象，讲好中华民族优秀传统文化的故事，从而不断提升中华民族共同体的认同感和自豪感。

本研究聚焦于纳西族东巴文化中思想性、科学性最突出的历法，挖掘纳西族先民探索天文地理规律的独特智慧，凸显中华灿烂文化形象符号的多元精彩，丰富中华传统形象文化的基因库，具体诠释各民族共同缔造中国悠久历史、共同创造中华灿烂文化的价值和符号形象。以期按照国家《关于实施中华优秀传统文化传承发展工程的意见》的要求，深入挖掘中华优秀传统文化的价值内涵，保护传承文化遗产，加强对传统历法、节气、生肖等的研究阐释、活态利用，使其有益的文化价值深度嵌入百姓生活，进一步激发中华优秀传统文化的生机与活力。

本研究以东巴文献和活态资源为基础，并把研究成果和现代社会生活结合起来，通过对纳西族传统智慧的阐释与活态利用，凝练、提升东巴历法象形文符号的标识度，在纳西文化传承教学及旅游产品开发中进行应用，以期实现创造性转化、创新性发展中华优秀传统文化的目的。

研究、还原纳西历法的意义在于继往开来，一方面该研究避免了作为非物质文化遗产的纳西历法的失传，另一方面借此还原工作为将来纳西历史文化的断代、编年、研究提供有力的依据，为纳西文化的发展提供新的视域。

本书就是我们研究的浅显心得，不到之处敬请批评指正。在研究过程中得到社会各界方方面面的支持，特别是入围云南省民族文化保护传承和"双百"工程项目，这是对我们努力工作的最好褒奖，在此我们对所有给予我们大力帮助的各级政府、机构和好朋友们表示最诚挚的感谢！你们无私的帮助成就了此书！

我们相信纳西天文历法这一古老的文化遗产必将历久弥新，同象形文字一样被更多的人认识，成为丽江纳西族一张新的、美丽的名片。

祝大家：

功睦拉劳用贺！

（纳西语：身体健康）

科于衡贺用贺！

（纳西语：耳闻佳音心情愉快）

第一章

纳西文化梗概

只有了解纳西族的历史和文化形成过程，才能明白为什么一个人口不足四十万的民族，竟然会创造出和保留着如此之丰富的传统文化。

纳西族是历史悠久的古老民族，是中国56个民族之一，为云南特有之民族，现有人口不足四十万。其中大多数居住在丽江市、迪庆州维西县等地，自称为"纳西"；居住在云南省宁蒗县和四川省的盐源、盐边、木里等县的，自称"纳""纳汝""纳恒"或"纳哈"等等。历史上，曾有汉族、白族称纳西族为"摩梭"（么些）；藏族称其为"姜"，而汉文古籍中则有"么些""摩沙""摩婆"等称谓。1954年根据本民族的意愿，经国务院批准确定以"纳西族"为共同的族称。纳西语属彝语支与羌语支的交结点，大体分为两个方言区：一是以丽江古城为中心的西部方言区，另一是以宁蒗、永宁为代表的东部方言区。

纳西族及其文化源远流长。纳西族及彝语支各族皆源于远古我国西北"河湟"地区氐羌族群。根据考古推定，大约在距今6000年前，氐羌族开始从河湟流域向四方发展。早在商周时期，氐羌族沿"藏彝走廊"进入滇西北地区。他们落地生根后不可避免地要与滇、川、藏的本地世居民族相融合。故纳西族及其文化应是多元融汇的，即是我国西北的氐羌与西南的土著相融汇的结果。氐羌的迁徙，最初是由于自然环境的原因，即气候的变化所致。而商周之后的迁徙则主要是社会的原因。春秋之时秦国兴起，其初向西发展，从而排挤当地氐羌、西戎诸部。据文献《后汉书》（卷八十七·西羌传）记载，秦献公时，羌人之一部"……畏秦之威，将其种人附落而南，出赐支河曲数千里，与众羌绝远，不复交通。其后子孙分别各自为种，任随所之。或为氂牛种，越巂羌是也；或为白马种，广汉羌是也；或为参狼种，武都羌是也。"今人据此以为，秦献公之时，氐羌族群再次向滇、川、藏交结地区（即所谓"藏彝走廊"）迁徙，并与当地土著融合而成为纳西族及彝语支各族的先民。

从秦汉到隋唐，滇西北各族先民仍处于迁徙、融汇的过程中。此时，纳西族先民亦未从彝语支各族先民相混同的整体中分化出来；其文化既处于从混同的总体中分化而出的过程中，也处于吸收、整合外来文化与土著文化、北方文化与南方文化、游牧文化与农耕文化的建构过程之中，故而这时仍是纳西族及其文化、思想的孕育时期。

在整个唐代，即南诏时期，纳西先民处于南诏与吐蕃的激烈争夺之下，一段时间为吐蕃所统治，下一段又为南诏所强力分割统治。虽然期间在今宾川一带，纳西先民建立了作为"六诏"之一的越析诏（么些诏），但是，存在时间不长，不足七十年就为南诏所破，数万纳西先民（么些人）被迁移到滇池地区。

宋元时期从南北两面压制、分割纳西先民的吐蕃、南诏政权，发生了变化。一方面，吐蕃政权瓦解，分散为众多相互征战的部族政权；另一方面，南诏为大理国政权取代，而大理国对纳西地区的统治较南诏要宽和得多。这就使夹在两者之间的纳西先民，有了较宽和、安定的外部环境，并由此而在经济、文化方面得到长足的发展。

元代彻底结束了滇、藏两地的割据政权，使两地纳入全国统一的行政管理体制。全面结束地方割据政权对纳西先民的分割与压制，这为纳西族地区的发展创造了更好的条件。元代在云南行省下建"丽江路军民总管府"（后改为"丽江军民宣抚司"），并且宣抚司之职由纳西族首领麦良担任，由其子孙世袭。这样，从南诏灭越析诏之后，纳西人又有了本民族的总管机构，从行政管理上把纳西族统一起来，以往所谓么些人"酋寨星列，不相统摄"的分立局面，开始改观，纳西人逐渐凝聚与形成一个独立的民族群体，纳西族独特的文化与民族精神日渐铸成。

明清是纳西族思想、文化的繁荣时期。在这一时期，东巴教、藏传佛教、汉传佛教、道教以及儒学在纳西族中全面繁荣、发展。这种繁荣，由纳西族开放的民族精神所推动，也体现着这种开放精神。以丽江土司木氏为首的贵族领主首先接受了汉文化，他们大都能诗能文，如木公曾写下《雪山诗选》，木增曾写下《云迈淡墨》等诗集，其诗作还被收入《列朝诗选》《古今图书集成》和《四库全书》等书。道教洞经音乐这时也从内地传入，形成了丽江"纳西古乐"，经常在婚、丧、寿等场合演奏。常用的曲调有"清河""八卦""山坡羊"等20来首。这些乐曲虽然还保留着汉族丝竹音乐的特点，但不论乐器的奏法还是曲子的处理，都融进了纳西族的风格。明清时期思想、文化的繁荣，蕴涵了纳西人进一步发展自己古老文化的动力，他们同时继续向外学习和吸纳，从而在近代思想的转化变革大潮中，置身于云南各兄弟民族的前列。

综上所述，纳西先民经过漫长的游牧和迁徙，而后长期生活在滇、川、藏之交结处，为"藏彝走廊"的重要部分，自古以来就处于复杂、多样的民族关系之中。正是由于处理和应对这种复杂、多样的民族关系，经过千百年的积累，形成纳西族开放、多元的性格，也促进着纳西文化的不断发展、演变。

纳西东巴天文历法的孕育发展正是在这种民族历史进程大背景下进行的，一路见证了民族发展的心路历程和艰辛坎坷，同时也打上了每一个时期的历史烙印。

第二章

纳西世界观

历法体系的形成源于天文学，天文学的产生源于宇宙观。探讨纳西族的天文历法首先要了解纳西先民对宇宙世界的认识。

东方白海螺大柱，南方绿松石大柱，西方墨玉石大柱，北方黄金大柱，天地中央铁大柱

一、纳西族的世界起源观

浩瀚无际的宇宙最初始是什么样子的，生命是如何产生的，天地万物是如何形成的，对此问题有着不同的回答，自然也就形成了不同的宇宙观和哲学观。

宇宙的原始状态、世界的本质是什么？这是每一个民族在传承其文明时，都要回答的问题，纳西族的答案就记载在他们的经典古籍《创世纪》中。

《创世纪》作为纳西族第一本记录远古时期纳西先民哲学思想的经典古籍，记录了古纳西先民关于天地、万物起源和产生的思想。《创世纪》也被译注为《崇搬图》《人类起源和迁徙的来历》《开天辟地的经书》《古事记》《人类的起源》《人类迁徙的来历》等。以上"创世纪""起源""来历"诸词，皆为纳西语"崇搬图"的意译。

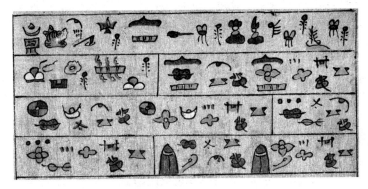

东巴古籍《崇搬图》（1）

11

纳西古籍《崇搬图》中对宇宙的起源有以下这样的描绘（汉译）："远古时代，宇宙混沌不清。天和地、日和月、星和宿、山和谷、树和石、泉和渠等万物都未出现之时，隐隐约约地出现了三样好的影子。由三样化育成九种，九种化育成万物。

万物有真和不真，有实和不实。真和实相合出现了绿松石般光明的白天，白天化育出好声和好气，好声和好气相合，出现了主宰宇宙的英格阿格善神。善神作法生白露，白露生白蛋，白蛋生白鸡。白鸡生下来没有名字，自己取名为"董"家的"恩余恩麻"。她高翔不能开天、低飞不能辞地，遂采来三朵白云作被子盖，拔三丛绿草作窝巢，生出九对白蛋。白蛋孵出盘神（天神）和禅神（地祇）、嘎神（胜利神）和武（福）神、俄（五谷）神和恒（善）神、东（男）神和色（女）神、智神和塞（慧）神、朗（测量）神和震（营造）神、宰官和头目、则和崇（皆为人，则指古人、崇指今人）。

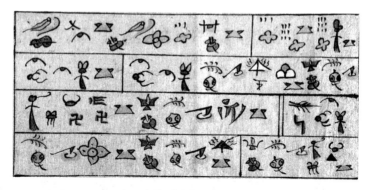

东巴古籍《崇搬图》（2）

不真和不实相合，出现了黑宝石般的黑天，黑天化育出噪声和怪气。噪声和怪气相合，出现了英格丁那神（地位最高的恶神）。恶神作法生黑蛋，黑蛋生黑鸡。黑鸡生来无名字，自己取名为"术"家的"富金唉纳"。黑鸡生出九对黑蛋：毒鬼和仄鬼；猛鬼和恩鬼：凑鬼和只鬼；单鬼和拉鬼等魔鬼……"

在这些东巴古籍中，我们可以看到纳西先民认为宇宙的发展演变来自物质自身的演变。纳西先民对宇宙本原的认识，不同于其他诸多的物质说，大多持本原物质论。将宇宙的本原归结为某一具体的物质，如"气"或"水"。纳西先民的物质本原说，不是认定在某一具体的物质形态上，而是归结为具有善与恶对立性质的两种基础物质形态，它们被命名为"真和实"及"不真和不实"，纳西先民认为宇宙就是这两种对立的本原物质演化的结果。宇宙的产生正是这两种能动的物质由少向多转化、由虚向实转化、由弥漫状态向集聚状态转化、由无形状态向有形状态转化的结果。正是由于这样的演变发展，实实在在的物质产生了，能开天辟地的物质产生了，然后是神产生了，鬼出世了，人也变化出来了。

纳西先民不是把万物起始简单地归结为某个神或是上帝创造出来的，而是把它看成真假、实虚、声气、黑白、善恶等形式相互感应变化的结果，包含着难得的原始朴素的唯物辩证思想。

二、纳西族的天地结构观

　　那么，宇宙是什么样子？也就是说天地结构是什么样子？纳西族认为宇宙的形成，是宇宙本原演化的结果。关于开天辟地的描述，纳西族的传说与汉族盘古开天地、女娲炼石补天的传说有所不同。

　　《崇搬图》载（汉译）："最初由盘拉九兄弟做开天师，但不知怎么开，天体不圆满，老是叽哩咕噜响，像要塌下来。劳命七姐妹做辟地师，不知怎么辟，地总是辟得不平坦，到处石在动土在摇，第一次他们没造好。于是，他们去学习，掌握了本领后，终能自如地开天辟地了。可是，在开天的过程中，男神总想偷懒，不太尽心。而辟地的女神却又实心眼，只顾埋头干活，结果天开得过小地辟得过大，天无法盖住地。他们只好把地往里挤压，把天往下拉，这才使得天罩住了地，但原本辟得平平坦坦的大地变得不再平坦，挤压出了高山深谷，陡坡悬崖。为把往下坠的天顶起来，他们在东方竖起白海螺顶天大柱子；在南方竖起了绿松石顶天大柱子；在西方竖起了墨玉石顶天大柱子；在北方竖起了黄金顶天大柱子；在天地中央竖起了顶天大铁柱。五根大柱顶住天，天坚固了；五根大柱镇住地，大地稳固了。拿松石补天的缺口，黄金填地的凹处，天体牢靠了，地体也平稳了。

　　后来，一头怪兽出现，试图动摇柱子，于是神与人商量，智者与能者商量，决心加固中间的顶天铁柱，在它的四周再修起一座山来。于是群策群力，在天地的央央，修起了拔地而起、直插云霄的居那若罗神山。并让太阳在居那若罗神山左边，月亮在居那若罗神山右边，环绕此山回旋出没。右边的太阳出来温暖了，左边的月亮出来光芒四射。从此，天地稳当，形成了完美的结构。"

在纳西先民的宇宙观念中，天是圆形的，像一把张开的大伞覆盖着大地。居那若罗神山是宇宙的中心，在天地之间东、南、西、北、中五根擎天大柱撑住天地，中间的顶天柱与居那若罗神山融为一体。日、月位于神山的两侧，绕着神山旋转，群星散布其中。这就是纳西先民对宇宙天地结构存在方式的原始认识。

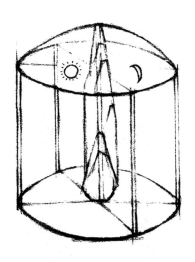

纳西族认为的天地结构

三、纳西象形盖天字

　　文字是一个民族对事物认知的重要体现，纳西先民在创造象形文字时就将自己的宇宙观融入其中。纳西象形文字中有许多由天地组合而成的字，可以简单地归纳为天字头，地字底。天在上，地在下。天像撑开的大伞罩盖着大地，大地在下撑起了天，中间是神、人、鬼及一切生灵的共同空间，人们通常把这样的字叫作"盖天字"。

　　盖天字形象直观地表达出纳西族先民对宇宙天地的观念，他们把天地看作一个大大的容器，宇宙万物在天之下，地之上生发演变，如：开天辟地、天地联系、天地变化、普天之下和天地之中等字（见下图）。只用天字头的字则更多地反映天象、气候变化，如：雷电阴晴、四季更迭、春夏秋冬、晨昏相替、清晨明晨，这些字也可称为天文字或天象字。

| 晴 | 阴 | 清晨 | 明晨 |

| 开天辟地 | 天地联系 | 天地变化 | 普天之下 |

纳西天象象形字

16

第三章

日月、星辰

　　纳西祖先在长期的生产生活实践中，逐渐发现大自然的寒来暑往，秋收冬藏，动物的出没和植物的荣谢，日月星辰的升落隐现，都与人类有着密切的关系。进而有意识地观察、认识和总结这些自然现象，以期顺乎自然，求得自身发展，纳西天文逐渐萌发出嫩芽。

一、日月

纳西象形文字"日"，《纳西象形文字谱》载：日也，日体实有光也。

纳西象形文字"月"，《纳西象形文字谱》载：月也，月有光也。

世界各地民族的古代先民有一个共同特征，最先关注的天体毫无疑问地都是太阳和月亮，因为它们是天上最大最明亮的两大天体，它们对古人来说也是最神秘的，被许多民族奉为至高无上的神灵。纳西先民也不例外，很早就认识了太阳和月亮，记载于东巴经中很多关于日月的神话传说便是很好的证明。

古籍记载（汉译）："白天有九个太阳，人们热得坐立不安。夜间有十个月亮，人们冷得无法入睡。出了九个太阳，热得不能靠近。出了十个月亮，冷得不能站立。……所有的太阳与月亮都已请到，被拴捆在高岩脚下，九个英勇的盘神挥舞白铁利刃，砍杀了九个太阳中的八个，只留下一个太阳；砍杀了十个月亮中的九个，只留下一个月亮……"

"……不知道一年十二个月的出处和来历的时候，居那若罗神山的左边升起了太阳，左边日出温暖了。右边升起了月亮，右边的月亮光芒四射。太阳和月亮是一对夫妇，太阳是丈夫，月亮是妻子，太阳在居那若罗神山顶从左往右转，月亮则从右往左转，他们每月三十号在居那若罗神山上相遇，初一又分离，如此反复循环运行，永无终止。"

纳西族对日月的情感、尊崇，直接反映在纳西妇女的服饰上。羊皮披肩是云南丽江纳西妇女服饰的重要标志，它用整块羊皮制成，剪裁为上方下圆，上方是一块肩宽般的梭织黑色布料，之上彩绣两个大圆盘寓意日月，下面再缀上一字横排的七个彩绣小圆形布盘，代表北斗七星。圆心各垂两根白色的羊皮飘带，表示流星划过天幕留下的痕迹，具有飘逸潇洒的美感，俗称"肩挑日月，背披七星"。关于这一服饰的由来说法很多，其中流传着一个民间故事："相传在很久以前，纳西族居住在湖畔的大山上，过着宁静的生活。不料有一年出现了一个凶狠的妖魔，他放出八个太阳与原有的太阳一起，轮番烤灼大地，人间没有黑夜，大地处处焦黄。有个叫英姑的纳西族姑娘，与妖魔一连搏斗了九天，终因气衰力竭，倒在了地上，白沙三多神见状造了一条雪龙，一连吞下了七个太阳，并把变冷后的太阳又吐到地上，只留下一个太阳将之变成了月亮。三多神把七个冷太阳捏成了七个闪光的星星，镶在英姑的顶阳衫上，以资表彰。为了纪念英姑，纳西族姑娘依照英姑的顶阳衫做成了精美的羊皮披肩，象征勤劳勇敢，世代相传，沿袭至今。"

民间俗语还有"星星月亮永长生，白天黑夜干活忙"的说法，同样寓意了纳西族妇女"披星戴月"勤劳、善良、美好的品质。

纳西象形文字中有大量的关于日月的文字，从中可以看出，纳西先民对日月的认识绝不仅仅只是停留在臆想的神话故事与"太阳是热体、月亮是冷体"这种浅显的认识上。而是经过长期的仔细观察和总结，已学习和掌握了大量的日相、月相知识，对日月的运行规律也是知之不浅。尽管这一切都记载在纳西宗教的典籍之中，固然有宗教神秘的成分，而更多的则是纳西先民对天文长期观察的结果。

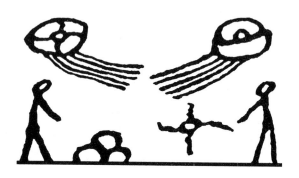

纳西象形文字：左边出太阳，暖和了；右边出月亮，明亮了。

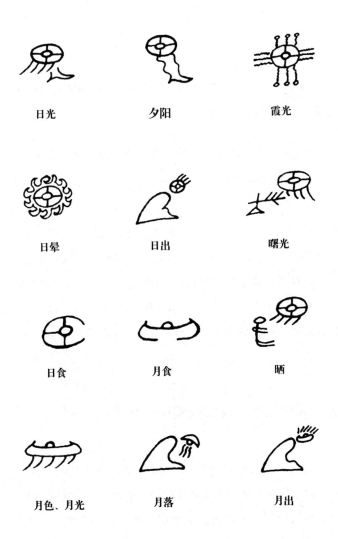

日光　　　　　　夕阳　　　　　　霞光

日晕　　　　　　日出　　　　　　曙光

日食　　　　　　月食　　　　　　晒

月色、月光　　　　月落　　　　　　月出

日相和月相的纳西象形文字

二、星辰

纳西象形文字"星"，《纳西象形文字谱》载: 星也，散布于天。

　　纳西族作为氐羌的后裔，在长期的游牧和迁徙生活中，依靠观天识星辰辨别方向，使得他们对天象星辰具有超乎想象的认知。靠着帝星、白尾巴星、七姊妹星、六兄弟星等等星辰的指引，纳西先民完成了他们漫长而又艰辛的大迁徙，为此纳西先民满怀感激和敬畏，每年都要举行隆重的祭星仪式，行仪时，摆下 28 颗白石，每颗代表一个星座，供以祭品。东巴祭司高声诵读《二十八宿来历经》等经典，对参仪人员传授天文知识，让纳西子弟继承先祖观星识月的本事。

1．北极星

　　北极星，又被称为帝星。纳西先民之所以称其为帝星或王星，这是因为他们发现该星总是处于北方星空旋转的中心，群星绕其旋转，好像天空的主宰一般。纳西东巴古籍中又称它为"星之王"，纳西先民称北极星为众星之王的说法十分古老，他们在呈献给东汉明帝的《白狼歌》中，就曾用见到了帝星的说法来比喻见到了汉明帝。可见纳西人把北极星奉

22

为星王之说是东汉时就开始了。

东巴教祭司们也是这样解释星王之说的："纳西人以北方为上、为尊，也正根源于此。纳西人祭祀时，凡尊者、圣者、神者的祭坛都设在北方，祭司也朝北而诵。反之，视南方为下方。祭祀时，设置鬼坛或送鬼，就要忌朝北方、东方，而要安排在南方。"

仅凭直观，北极星算不得是天上最亮最大的星，但纳西先民却观察到了北极星与其他星体之间的特殊关系，赋予了它星王之尊，纳西先民的星宿知识可见一斑。

2．北斗星

北斗星，纳西族群众把北斗星称为七姊妹星。北斗七星是最易识别的星座之一，因此古人乃至现在的人们都借助它去辨别方向。

《超度胜利者·末卷》记载（汉译）："天空中的昴星，叫它去放牧牲畜，边放牧边繁殖，数也数不清，看也看不完，让有福的死者加入祖先行列，把死者的福泽遗留给后代，照耀在大地上的白尾巴的北斗星和蕊星，边出来边增加，数也数不清，看也看不完，让有福的死者加入祖先行列，把死者的福泽遗留给后代。"

《开丧和超度死者·遗留福泽》记载："白尾巴的北斗星，丢粮食时没有计算的男子，算也算不完，把有福的死者送去上面，把福泽遗留给下面的生者。"

　　东巴经书中对北斗星的描述十分生动形象，汉族将北斗星看作一柄勺子，纳西族则将北斗星看作白尾巴，这是纳西族先民通过对北斗星仔细观察后而形成的独特观点。

　　纳西民间故事："……因七妹与人私通，生有一对小孩，故她总是低着头，偷偷地带着她的一对小孩，不紧不慢地跟在姐姐们的后边……"纳西族妇女以北斗七星作为披肩装饰；丽江大研古城最早修建的七座石桥，位置的布局是按北斗七星的排列来建造；另外，纳西古老木楞房房顶上观测日影的孔，就是根据北斗七星排列的七孔形凿成。据说在特定的日子里，透过这七个孔洞，可以看到七星。这些都说明了北斗星与纳西先民有着千丝万缕的关系，而这些关系的形成都源于纳西先民对北斗星的观察和认识。

3．金星

象形文字"商星"或"启明星"

象形文字"参星"或"长庚星"

　　古人称金星为"太白"或"太白金星"，是太阳系行星之一，距地球近而易被观察。纳西先民很早就认识到了金星的存在，释为长庚星与启明星两颗星。

　　纳西古籍《迎素神》载："若东方与西方相接不及，则由太阳和月亮把东方和西方相连接。若昼和夜相接不及，则由长庚星与启明星把昼与夜相连接。"

《延寿仪式 · 求大神威》载："在长庚星和启明星把昼夜未分的时候……"

长庚星和启明星在纳西先民看来是昼夜交替的标志，认为长庚、启明是两颗星的观点，明显是受到该星出现时间的误导。长庚星和启明星是金星在不同时候的表现形式，早晨在东方出现，宣告白天的开始。傍晚在西方出现，宣告夜晚的降临。早晨出现的，纳西学者方国瑜先生在《象形文字文字谱》中释为"商星"，李霖灿先生在《麽些象形文字字典》中释为"启明星"，都解释为黎明见到的星宿。黄昏后出现的星方先生释为"参星"，李霖灿先生释为"长庚星"，都解释为黄昏见到的星宿。

4．昴星

昴星，纳西族又称之为"六兄弟星"或"六星角"，位列纳西二十八星宿之首。

纳西古籍记载（汉译）："昴星和北斗星，出现时不兴一道出现，可是早就一道出现了。消失时不兴一道消失，可是一道消失了。死时不兴一道死亡，可是早就一道死亡了。"

纳西族先民根据自己对天象的认识和观察，发现昴星和北斗星不是一起出现的。但是为什么东巴经中昴宿和北斗星经常被一起提及，对此纳西民间有这样的传说故事："六兄弟星称为'创昌夸'，汉名为昴星。上古时候，卢、色二神开天辟地，

25

他们取蛮牛的眼睛祭祀天空，天空顿时出现密密麻麻的星星。昴星本来有六十个兄弟，它们都是非常明亮的星星。在它们的身边是北斗七姐妹星，土语称'时货'。到了夜晚六十颗兄弟星闪亮起来的时候，七姐妹星的星光全被淹没在兄弟星的光海里。因此，七姐妹星的内心泛起恼怒的醋意，决定要偷吃六十颗兄弟星。结果，每天晚上六十颗兄弟星出来的时候，七姐妹星就悄悄地靠近兄弟星，张开大嘴吞食兄弟星。这事被掌管众星的卢、色二神发觉，这时六十颗兄弟星已被七姐妹星吞食到仅剩六颗星。卢、色二神大发雷霆，把贪婪的七姐妹星放逐到遥远的北方去了。二神担心七姐妹星不服惩罚，还派遣三星'司托夸'去监视七姐妹星的行动。所以七姐妹星出现以后，三星也会很快地跟随着出现。卢、色二神还把六兄弟星封赐为二十八宿星座的第一个起始星座。从这以后，月亮从六兄弟星家启程，一家一家星宿地往下走，从一家到下家的时间为一天，月亮走完二十八家的时间，为一个月。"

5．娆星

娆星是纳西古籍所记录的星宿中最独特，也是最未知的一颗。娆是音译名，这种星在东巴传说中最具神奇力量，是很能作祟人世的星魔。以前纳西人认为，造成中风等类病症的原因，就是冲撞了娆星的缘故。还认为人突然地大吐大泄也是娆星在作祟，所以家中如有如此病人，就要举行祭娆星仪式。在该仪式诵读的经书中，有一本讲述娆的来历，说娆长得黑黑的，身高只有拇指大。它常骑着老鼠大的一匹马，扛着一面硕大无比的旗子，奔驰在天地之间。由于它在天地间如此横冲直撞到处跑，对人的危害自然也就很大。为保护人类的安全，大神们决定把娆置于死地。大神们把守在娆必然通过的路口，把它捉住杀死后取出它的心，压到了西方的铜山铁山之下，还把它的身体剖成八份，分别埋在了八方。如此处置了娆不久，世上虽安宁了，但神和人都发现，天上没有了娆，冷清清的，却也有了不少遗憾。看来没有娆也不是好事，于是大神们又商量，决定使娆复活。于是，他们从八方取回娆的身体各部，拼合并使它复活了，但考虑到它的祸害本性，就没把它的心放回它的胸腔。从此，虽在天上又见到了它，但人们再也不必像过去那样害怕它了。如撞上了它，只需大声啐一口，据说就可把它吓跑了。可它为寻找失落的心，也更不安分了，白天九次，晚上九次地满天奔跑，总在寻找着它失落了的心。

娆是被赋予神秘色彩最多的星，在许多东巴古籍中都谈论到它。为此，纳西人对它的解释也特别多。有人将它解释为彗星，有人干脆称它为煞星。彗星具有天文学意义，煞星具有宗教意义，它是否是兼而有之呢？从宗教学的角度分析，把娆星解释或翻译为煞星是不恰当的，因为在星占古籍的记载中，娆星并不单纯的是灾祸之源，它也会给人带来好运，反之也会带来恶运，要具体看它处于什么位置。因此，单纯以占卜的意蕴分析，这娆星和汉族的"煞星"也有一定的差别。此外，娆星会与升起在中天或落下的太阳、月亮相逢，说明娆

27

星运行在黄道周围。娆星是每晚都看得见的天体，古籍中将它的运行比作箭，说明它的运行很有特殊性。在星空忽隐忽现，忽慢忽快地穿行。按古籍的说法，娆星并不很多，有两种说法，一说有九颗；二说有七颗。

根据以上情况，无法定义娆星是不是彗星，显然二者有很多相似处，但又有些不同。东巴古籍记载，娆星每晚都能看见，而彗星不是每晚都能见到。一个是"扛着一面硕大无比的旗子"，另一个是"长有尾巴的大亮星"。

综上所述，可知纳西先民极早就对日、月、星辰有了认识，并对其运行规律进行研究，掌握了大量的天文物候知识。

第四章

时、日、月、年

　　纳西族对历法要素年、月、日、时的概念并非天生所具有，它的产生和形成经历过一个相当漫长的历史过程。纳西原始先民日出而作，日落而息，随太阳、月亮的升落来安排农事和生活。在人们的头脑中首先逐渐形成"时""日"的概念，随后逐步又形成了"月""年"的观念。

1．时

《纳西象形文字谱》载："时也，日光照临，以日光移动定时也。"

"时"，在纳西语中叫"止"。纳西先民将一天分为十二时，亦用十二支动物代称，与汉族用十二支表示时间的习惯大致相同。约夜间十一至十二点为鼠时，一至二点为牛时，三至四点为虎时，五至六点为兔时，晨七至八点为龙时，上午九至十点为蛇时，午十一至十二点为马时，中午一至二点为羊时，下午三至四点为猴时，五至六点为鸡时，傍晚七至八点为狗时，晚间九至十点为猪时。

除此之外，白庚胜先生著《纳西族风俗志》一书中对于时间有如下记录："……以鸡鸣、天亮、起床、日出、早饭、午饭、日落、晚饭、睡觉等分别表示凌晨五点、六点，早晨七点、八点、九点，中午两点，晚间八点、九点等时间。最短暂的时间以"眨眼间"表示，称"缪氏曼"；约半分钟以鸡类性交时间相比喻，称"安师儿"；一刻左右以抽一袋烟的时间来计算称"尤氏贡特古买"。太阳出来之后，以其离东山梁有多高来估量时间，以人踩人影与否而定正午及其前后，以太阳离西山梁之距离而定傍晚及其前后。"

2．日

《纳西象形文字谱》载："日也，日体实有光也；时日之日同。"

"日"在纳西语中称"尼"。"日"是根据太阳的升落而划定的时间。东巴经对日的解释为：太阳置于一座白岩之上，它与白岩同时运行，并每日闻大鹏鸟鸣叫而升起。"日"在纳西族中有两种表示方法，一至九日在其数前加上"侧多"，如："侧多"一、"侧多"二、"侧多"三……相当于汉语中之"初"，而十至三十日则直呼之。纳西族不仅用十二支纪年、纪月，而且还用十二支纪日。因此，在许多情况下，人们又将具体的日子以十二属相中的具体动物相配称，并添加上"库"（岁或年），如鼠日称"负库尺尼"。

3．月

《纳西象形文字谱》载："月也，月体有缺也；年月之月同。"

纳西先民称月亮为"勒"或"恒"，一个月称为"底恒"。我们讨论的"月"是年月、月份的月，是根据月亮的运行周期而切分的时间单位。一月三十日的来历在纳西古籍《禳垛鬼仪式·镇压属相相克的灾祸鬼》中做了如下记载："在居那若罗山顶的玖此玖尤湖里有一对金黄色的黄鱼，这一对黄鱼朝上方衔三下，朝下方吐三下，产生了三十个鱼蛋。有了这三十个鱼蛋，就有了一月三十天。"书中还有这样的记载："居那若罗神山顶，太阳从神山左边出来，朝神山的右边运转；月亮从神山的右边出来，朝神山的左边运转。太阳和月亮，在望日这天相遇，在朔日这天分开而去。有这日月的运行，就有了卢神沈神掌管的一年十二属相月。"

制定历法时，确定月份天数依据的是月相的变化。从诸多的古籍资料和田野考察中我们知道，纳西先民对月相的运行规律有很深的认识。他们把月亮圆缺的一个周期称为一个"朔

31

望月",把完全见不到月亮的一天称为"朔日",定为阴历的每月初一;把月亮最圆的一天称为"望日",为阴历的每月十五或十六。(注:从朔到望,是朔望月的前半月;从望到朔,是朔望月的后半月;从朔到望再到朔为阴历的一个月。一个朔望月平均为 29.53059 天。)

纳西先民对恒星月的认识也达到了一定的水平,他们创造的纳西东巴古星历二十八星宿轮值纪日法就是最好的证明。

4.年

《纳西象形文字谱》载:"东巴文的年,即鼠字,同汉族一样,鼠为十二属相之首,故用为年字。"

"年"在纳西语中称"库",或称"本",分别借用纳西语中"收割"与"做"之音,以表示抽象的"年"这个概念。

古人确定年份的天数,主要是依凭对太阳运行的观测,因为四季寒暑的变化与太阳的运行密切相关。太阳年,又称回归年,是以太阳为参照物,地球围绕太阳旋转一周所需要的时间。纳西先民通过观察太阳东升西落时的方位变化,知道了太阳何时到达最北边,何时又到达最南边。纳西民间谚语:"太阳热时走得慢,冷时走得快",太阳热时日子最长,冷时日子最短。从日子最长的一天(即:夏至)到日子最短的一天(即:冬至)再回到日子最长的一天,刚好是一个太阳年的周期(一个太阳年是 365 天或 366 天)。纳西古籍中对纳西古历法中的年、月总天数的记录基本一致,都记录为一年 360 天,分为 12 个月,每月 30 天。

第五章

纳西历法概述

纳西历法的最终形成是基于纳西先民对天象、自然物候变化的长期观察，认真总结，再借鉴汉族以及其他兄弟民族的历法特点，融合而成。其发展过程经历了萌芽、积累、成熟、衰落等几个漫长的历史时期。

一、萌芽期

由于常年的游牧生活和长途迁徙，纳西先民从对星辰出没、日月运动、四季变化、自然物候变化的观测中，逐渐形成了自己的原始物候历法。

《超度夫和妻·抛"卡吕"面偶》中记载："到了冬天三个月，白鹤领来白雪，鹊鸽鸟领来露水，云雀领来白风。春天三个月是绿草的季节。夏天三个月是大雨的季节。秋天三个月，秋天三个月是花的季节。山坡上开黄花，深谷里开绿花，树上开银花，石头上面开金花，高原上面开黄花，肥沃的田里开绿花，高崖上布布补花。"

《祭祖·迎接回归享祭的祖先》中也有这样的记载："天地设立了年岁，在新的一月里；夏天的雷又响了；春天的布谷鸟又叫了；地上的草又绿了；树上的花又开了；白鹤又回来了；祭祖的日子又来到了。"

纳西话称春天叫"每尼"，春季称为"风季"。春字的写法由象形文"天"和"风"组成，代表春天多风的意思。春又可以写作"风"在上边"布谷鸟"在下边。纳西族认为布谷鸟是春鸟，冬季过后见到布谷鸟就代表春天到了。故把春风和布谷鸟组合在一起表示春字。

纳西话把夏天叫"每荣"，夏季称为"雨季"。纳西象形文字"夏"字的写法有两种，一种是由"天"和"雨"组成，天在上，雨在下，表示夏天多雨。另一种写法是由"雨"字和"野鸭"组成，纳西族认为野鸭是夏鸟，和"雨"字组合就能代表

"春"的两种写法   "夏"的两种写法

"秋"的两种写法   "冬"的两种写法

"春、夏、秋、冬"纳西象形文字的写法

夏天。纳西话称秋天为"每次"，秋季称为"花季"。纳西象形文字"秋"写作"天"在上边，"地"在下边，中间是"花"字，表示秋天大地上开满了花。又可写作"花"和"大雁"组合，花在上大雁在下。在纳西族观念中，大雁是秋鸟，和花一起最能代表秋天。纳西话称冬天为"每初"，冬季称为"雪季"。象形文字"冬"写作上"天"和下"雪"，这就无需解释了。另一种写法是"雪""白鹤"组合而成，纳西族认为白鹤是冬鸟，下雪时节由北方迁徙而至，代表冬天到了。

　　文字可以反映文化，文化又体现在文字中，这些文字充分体现了纳西先民对季节物候的认识。在纳西古籍《运转米吾九宫·算三百六十天的米吾九宫》中记载了一年的二十四个节气。经过分析发现这些象形文字全部都是表音字，也就是说借用纳西象形文字相近或相同的发音来表示这些节气的发音。比如"春分"二字，是用了两个和"春分"发音相近的纳西象形文字来表示。中华疆土地域广阔，一地对应一物候，适用于中原的物候历，在遥远的边疆纳西族聚居地就无法适用了。在实际的生活劳作中，纳西先民早就形成了自己的原始物候历，他们熟知当地的各个节令，并总结成口诀、歌谣等表现形式，以此来指导农事生产和日常生活。这在流传下来的纳西族谚语里可以得到证明："正月扫地风；二月长苗风，三月布谷啼，可种玉米了；四月晒蒿根，蒿根晒得死；五月水沟漂起小虫子，插秧时节到；六月祭祖雨浇头；七月下夜雨，夜下昼又晴；八月降秋雨，秋雨绕山转；九月雨绵绵，种籽舂了吃；腊月把地风……"

纳西族先民用一年十二个月中所开的花来代指月份，丽江大东乡哉丹村在婚礼上吟诵的《花歌》中就有这样的内容：

正月："桃花"；二月："里布花"；三月："菜花"；四月："用兹花"；五月："亨特花"；六月："妥化花"；七月："斯里花"八月："贝布花"；九月："稻花"；十月："白蒿花"；十一月："青刺花"；十二月："梅花"。

纳西族最初的历法是原始物候历，这种历法根植于民间，其生命力旺盛，相信至今一定还在存活。原始物候历是人类历法史上的婴儿时期，这一时期的纳西历法并不成文亦不成系统，而是依托长期对自然界物候变化的观察得出规律，以指导日常生活和农业活动。以歌曲和俗语的方式交口相传，是原始先民智慧的结晶。

二、积累期

历法是通过设置多人观察天象，在进行长期观察的基础上综合而成的计算时间的方法。纳西族也不例外，在纳西族的东巴古籍里，也设有专司观察天象的人。传说纳西先祖崇忍利恩捕获了天上会观星算日两个星神，一个叫作梭托一个叫作尼勒，之后就安排他们俩住在天底下，居于大地上，为纳西人专司观象授时的事。纳西古籍这样记载："梭托和尼勒他两个，坐在高天下，观测星的运行，测算着时日的轮回；住在大地上，观察草木的枯荣，测算着岁月的交替；住在桥头边，观察水的涨落来计算时日的变迁。"

纳西原始先民日出而作，日落而息，随太阳、月亮的升落来安排农事和生活。在人们的头脑中，首先逐渐认知的是"日""时"，随后逐步又形成了"月""年"的概念。纳西历法并非纳西人天生所具有的，它的产生到形成经历过一个相当漫长的时期，正是通过这一长期的积累，纳西人形成了历法的雏形，为纳西历法日后的成熟奠定了基础。

三、成熟期

任何一个优秀民族，随着其自身文明的形成和发展，都必然会产生自己的历法。在中原，历法被看作是皇权的象征，因而制定历法是皇家的事，百姓不能问津，如果私造历书，就有造反的嫌疑。从先秦到清代，中国各地民间对历法的研究，渐渐走向了消亡。在这一点上纳西地区似乎有些例外，这是由于各个朝代的中央政府对丽江地区的统治力比较弱，地区的实际控制权长期由纳西族的木氏土司所掌控。元、明、清是纳西文化发展的繁荣期，在这样的背景下，纳西族对于天文历法的探索、研究一直没有间断。

斗转星移，世事变迁，时至今日纳西古历法的本来面貌模糊了，形成的准确时间更无从考证。幸而，纳西先民遗存下大量的东巴古籍，我们仍能从中一探究竟，摸清纳西古历法的基本面貌。

从古籍及资料研究表明，纳西历法在经历了萌芽、积累期后，逐步趋于成熟，形成了一批独特的纪年、月、日的方法。纪月法主要有：数序纪月法、象形文纪月法、象形文生肖纪月法（见后表）等。纪日法主要有：象形文数序纪日法（见后表）、生肖纪日法、精威生肖纪日法、米吾九宫纪日法、二十八星宿纪日法等。纪年法主要有：布陀纪年法（见后表）、米吾九宫纪年法、帝号纪年法等。

多种历法在这一时期发展完善，共同服务于纳西社会。这些历法兼收并蓄了中华及其他民族历法的优点，集纳西文化、天文知识、民族智慧于一身，具备较高的研究价值。

四、融合期

在漫长的历史进程中，政权更迭，出于统治需要，历同法是每个朝代的国策。元、明时期纳西古历法受到打击、制约，特别是明代，不仅仿效前代禁止民间学习和传授天文，更将其禁令扩展到整个天文学领域，尤其是禁止私习历法。时宪历（农历）的推行取代了纳西古历的正统地位，但由于民族传统习惯，民间还在使用纳西古历法。纳西先民选择了与时俱进，将古历法和农历进行了有效的融合，使之能并存并用。这在纳西古籍中可以找到大量证据，当然在融合的过程中纳西古历法发生了分化，其中融合得好的、完善的历法保存了下来，如精威生肖历法、二十八星宿历法等。反之，一些不够完善的历法，就此退出了历史舞台。

以精威生肖历为例我们来解析纳西先民使用的融合方法，一年仍分为十二月，为了能和农历相对应，纳西先民也将月份分为小月和大月，但计算大、小月的方法太过复杂，于是他们想出一个办法加以解决，将一年中的单月定为小月，计作二十九天，把双月都定为大月计作三十天。单月虽然只有二十九天，但属相纪日仍计算进去（见下表）：

一月（单月，为小，二十九日）

1日鼠　2日牛　3日虎　4日兔　5日龙

6日蛇　7日马　8日羊　9日猴　10日鸡

11日狗　12日猪　13日鼠　14日牛　15日虎

16日兔　17日龙　18日蛇　19日马　20日羊

21日猴　22日鸡　23日狗　24日猪　25日鼠

26日牛　27日虎　28日兔　29日龙　30日蛇

二月（双月，为大，三十日）

1日马　2日羊　3日猴　4日鸡　5日狗

6日猪　7日鼠　8日牛　9日虎　10日兔

11日龙　12日蛇　13日马　14日羊　15日猴

16日鸡　17日狗　18日猪　19日鼠　20日牛

21日虎　22日兔　23日龙　24日蛇　25日马

26日羊　27日猴　28日鸡　29日狗　30日猪

单月二十九日生肖为龙，虽无三十日仍将下一属相蛇日排列进去。闰年则和农历一样，在十二个月的基础上加一个月，全年变为十三个月，所不同的是闰月都是闰十二月，也就是说在十二月之后再加一个十二月。到了清朝，这种闰月放在十二月的方法渐渐被放弃，转而使用和农历一样的闰月。纳西东巴古籍《算六十花甲年的月大月小》一书，记录了清朝道光1850年至1871年农历的月大、月小及闰月的情况，对照万年历其内容已同农历无异。

单月为小月计为二十九天，属相纪日仍计算进去的这一方法，保留了下来，因为此方法有三大好处：一、在纳西古历全年 360 天的基础上单月减少了 6 天，使得全年天数和农历平年的总天数完全一致，都为 354 天。二、由于农历的大小月安排几乎是没有规律的，会出现连着几个都是大月或连着几个小月的情况。如遇到连续出现大月的情况，本来小月不计日的这天就可以用于计日。如遇连续出现小月连着的情况，大月的总天数就计为二十九天，第三十天就不计日子，只计属相用于占位。三、在纪日天数改变的情况下，生肖次序排列并没有发生改变，这样做既保留了纳西生肖历法的原始风貌，又规避了因为历法改变而带来的种种问题。

融合期纳西各种历法并存，发挥着各自的作用，是纳西历法史上一个辉煌的时期。之后，民国推行公历，纳西历法出现了混乱，这一时期遗留下来的纳西二十八宿星轮图（实际上就是纳西日历）几乎没有完全相同的。随着公历的广泛使用，纳西历法江河日下一天不如一天，到了五六十年代伴随东巴被取替，古历法几乎绝迹。时至今日，要再现古历法已大为不易，只能在古籍的残章断篇中寻找只言片语。

无论农历还是公历都是非常完备的历法，使用起来简单方便。纳西先民完全可以舍弃纳西古历法，转而使用农历或公历。然而，他们为什么要费尽心力，想方设法地去保留和融合，这其中固然有民族习惯等原因，更主要的原因却是与纳西占卜有关。占卜是人类早期生活的重要内容，其产生时间远远早于天文历法。纳西族古时的占卜文化非常发达，纳西族也被称为最会占卜的民族。纳西古籍《白蝙蝠求卜记》中记载,纳西族有三百六十种卜术,种类繁多,有烧骨头占、掷石子占、掷贝壳占、占星、八格占、米吾九宫占等。西方学者洛克博士在统计所收藏的东巴经书后写道:"到底有多少不同的纳西经典存在,是一个很难确定的问题,但肯定有两千多种。纳西经典分为两种形式的经书:第一种是占卜书或称'左拉'书,第二种形式的纳西经书是最多的,东巴利用占卜书,判定灾难的原因,并决定用什么样的经书可进行补救,第二种就是这类书。"洛克博士叙述的两类经书都和占卜有关,从其统计的经书数量,可见占卜文化在纳西文化中的绝对地位。占卜文化完全融入了纳西先民的生活,出生要占卜,结婚要占卜,种田要占卜,东西丢失要占卜,出门要占卜,人死了也要占卜……总而言之事事都要占卜。古天文历法和占卜文化相生相伴,纳西先民创立了一套依附于历法的占卜体系。如果改变历法,在纳西精神文化中占主导地位的占卜文化也将不可避免地发现改变,继而纳西人的生活方式也将改变。

第六章

纳西二十八星宿

　　纳西先民对月亮和恒星进行深入观察后，窥探其相互关系和规律，他们对星空进行了划分，将相邻的恒星组合在一起，把天空分为二十八个区域，并给每个区域命名纳西名称，这就形成了纳西二十八星宿。

一、纳西二十八星宿简述

　　纳西先祖在长期的游牧和迁徙过程中，随时都需要辨别方向确定路线，日、月、星及天象对于动荡移动的人来说，作为参照物就比其他自然参照物来得更为方便和可靠。所以对于纳西先民来说，学习和储备天文知识是头等大事。纳西先民靠着过人的勇气和观星识月的本领，一路南下，历经千难万险，终于重新找到了自己的家园。从此，纳西族每年都要举行盛大的祭天、祭星仪式，感谢苍天的庇护和日月星辰的指引。仪式中东巴经师高颂古歌、古经，赞美天空，赞美日月星辰，以示感激。同时还要对参仪人群进行祖先艰辛历史和星象知识的教育，让纳西子弟牢记历史，努力掌握先祖观星识月的本领，此古风一直保留至今。

　　纳西先民通过观察天象，认知了日、月、星之间的位置关系和随时间变化的规律。经过长期观察他们发现月球总是按照固定的轨迹在恒星宿中徘徊，从某颗星宿的近旁出发，沿着特定的轨迹，运行一圈后又返回到该星宿附近。月亮的位置每天都在改变，而星宿的位置相对不变，星宿成了确定月亮位置的参照物。把月亮每天运行的轨迹区域连接起来形成一个分为二十八个区域的大圆圈，月亮围绕这个大圆圈转一圈的时间大约为 28 天（实际时间为 27.322 天），把这 28 天也定义为一个月，他们命名了每个区域的参照物（距星），并以此来计算日子，这就形成了纳西二十八星宿体系。

根据近年发掘出土的文物证实，西南地区氐羌系的各少数民族，都有二十八星宿。纳西族保留得尤为丰富，其特点也显得尤为突出。纳西二十八星宿是长期观察总结天象的结果，也有向汉族和其他民族学习的成分，这从观察方法和星宿原理中可以看出。但同中原的二十八星宿也有许多不同之处。首先，距星的认定不一样，其次，排列顺序、对星宿的表述方式和对星宿的理解更是不一样。

纳西先民对二十八星宿的描绘很形象，这从他们给星宿取的名字中就可看出。"创昌夸、创昌古"，译为六星角和六星身，这显然是把六星（昴星，纳西族称为六星或六兄弟星）看成生物；"吉孔、吉满"，译为亮星水头和亮星水尾，这是根据星的明亮度和方向特性来命名；"布孔、布铎、布曼"，译为猪嘴星、猪背星、猪油星，这显然是把这一宿看成动物猪，根据猪的位置来取名；纳西先民将大致是从角宿至箕宿这个广大的天空区域，拟人化地看成了一个叫"蕊"的雌性生物，也有人认为是人，这中间包含了九个星宿。"蕊古鲁""蕊夸""蕊亨""蕊江""蕊古""蕊督""蕊巴""蕊齐""蕊崩"，依次译为蕊星头星、蕊星角星、蕊星耳星、蕊星颈星、蕊星身星、蕊星胃星、蕊星阴星、蕊星腿星、蕊星脚板星……

纳西先民仰望星空，观察探索，形成了自己完整的二十八星宿体系。并广泛运用于历法、占卜及日常生活之中。纳西先民所创造发明的古二十八星宿星轮值古日历，其独特的星轮表现形式在日历史上并不多见。

二、纳西二十八星宿的研究基础

纳西东巴象形天文历法的研究始于纳西学者杨仲鸿。1931年，纳西族学者杨仲鸿编成《么些文多巴字及哥巴字译字典》（手稿）一书，是中国学者所编的第一部东巴文字典（未能出版）。其中录有《星算》一篇，是第一份记录纳西天文历法的材料，但是材料不完整，只记录有19宿星的材料。

当代学者对纳西族二十八宿的研究可谓方兴未艾、层出不穷。1958年，纳西学者周汝诚先生翻译东巴经《博格图》（未正式出版）一书，书中记录了二十八星宿及部分星图。洛克先生邀请当时的大东巴和华亭对收集到的东巴经书进行翻译，对星宿名称和相关内容进行了整理，并收录进1963年于意大利出版的《纳西语英语百科辞典》一书。李霖灿先生是近代关注纳西二十八星宿较早的人，李先生邀请高明的东巴同行，在丽江多地进行过实地考察，最终将研究成果写入著作《么些象形文字字典》。1972年由李霖灿编著、和才读音、张琨记音的《么些象形文字字典》由台湾文史哲出版社出版。书中介绍了纳西二十八星宿的汉译名称、排列顺序及释义，但受材料所限，该书只对白地经书的内容做了研究。另外，书中还记录了近百个天文象形文字。1982年，方国瑜编撰，和志武参订的《纳西象形文字谱》，于昆明由云南人民出版社出版问世。著书时方先生曾邀请东巴和士贵对星宿进行了整理，给出了星宿名称的注音，并绘制了星图。书中还收录了纳西纪月法和纪日法以及大量与天文历法有关的象形文字，

1981 年，《中国天文学史文集》（第二集）由科学出版社出版，书中辑录了朱宝田、陈久金撰写的《纳西族东巴经中的天文知识》一章，以及 1985 年，郭大烈编，云南民族出版社出版的《东巴文化论集》中《纳西族的二十八星宿与占星术》一章。1989 年，和志武著《纳西东巴文化》一书由吉林教育出版社出版发行，书中和先生对纳西族的天文历法进行了概述。2000 年，中国国家博物馆研究员、民族考古学家宋兆麟先生五访丽江永宁泸沽湖地区，收集到了珍贵的摩梭象形文历书"格木历书"，研究后撰写了论文《摩梭人的象形文字》。先生论文的发表让大家第一次知道，在纳西族中各支系存在着不同体系的历书。1999 年，杨正文著《最后的原始崇拜——白地东巴文化》一书，书中介绍了历法与占卜的相关内容。李例芬女士根据文献研究和田野调查给出了研究成果，同时对纳西族星宿历法提出了宏观的设想；李国文先生也同样对古星轮图进行了研究，并发文阐述；戈阿干先生也根据收集到的祭星经书和象形文历书进行研究，著书《纳西祭星经和象形文星历书》；鲍江先生在俄亚地区也进行了深入的人类学调查，记录下了所观察到的俄亚纳西二十八宿；周寅先生对《纳西东巴古籍译注全集》中的天文资料进行了认真整理，并沿着前辈的线路做了大量田野调查，完成了相关论文。

近 90 年来对于纳西东巴象形历法的研究可谓成绩斐然，然而，各位学者、老师从各自掌握的材料及自身的视角出发做了局部性研究，同时不同的学者持有不同的观点、见解。使得目前学界对纳西族二十八星宿历法系统仍没有比较明晰、全面的结论。

第七章

纳西星宿轮值图研究

　　纳西二十八星宿轮值图是纳西族特有的一种日历，通过内盘和外盘的相互配合，推算一年的日历。构思巧妙，形式独特，是少数民族历法中难得一见的精品。

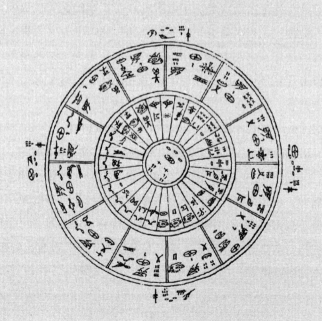

一、星轮图简述

古籍记录纳西二十八星宿的方式归纳起来有三种形式：第一种是用纳西象形文字，按一月至十二月的顺序记录每天当值星宿的名称，这种专门记录日历的古籍称为星历书，现今保存下来的此种古籍很少很珍贵；第二种多见于占卜古籍中，记录方式为每天由哪颗星当值，宜做什么不宜做什么，如遇到问题该用什么方式化解，历法已融入占卜的内容之中，此种古籍比较常见，也是研究纳西历法最基础的材料。第三种记录二十八星宿的载体是图表，称为星宿轮值图（星轮图），星轮图遗存稀少，尤其珍贵。在丽江博物馆展厅内，就悬挂着这样一张古老的纳西二十八星宿星轮图。此星轮图总体外观是个大圆圈，分为外圈、内圈和中心圆圈。星轮外圈平均分为十二块，代表了一年的十二个月。依次用纳西象形文字记录了一月至十二月的每月月首当值的星宿名称，即每月一日的当值星宿名称。内圈平均分为二十八块，依次用纳西象形文字记录了纳西东巴二十八星宿的星宿名称和排列顺序。最内的中心圆圈用纳西象形文字写着二十八星宿字样。我们经过反复研究，发现星轮图实际是一种纳西族特有的日历。在纪日时，外圈和内圈相互配合使用，首先，确定月首星宿，然后按固定的二十八星宿顺序轮流值日。

二、星轮图研究思路及技术路径

突破纳西历法及纳西二十八星宿研究之囿我们选择了星轮图，然而，由于历史等原因，现存的星轮图非常稀少。我们经多方找寻，搜寻到5份不同的星轮图，分别是：1．东巴博物馆藏星轮图（一）；2．东巴博物馆藏星轮图（二）；3．丽江塔城东巴和顺绘星轮图；4．哈佛图书馆馆藏经书星宿排序图；5．丽江大东乡哦洛举村星轮图。由于得之不易更显其珍贵，我们对星轮图的研究也倍加认真详细。

具体的研究方法和步骤如下：

第一步：编号。

为了保证研究的准确性和比对的方便性，我们首先根据每一幅星轮图的构造，分别绘制出星轮结构图，并将每一个区域进行分区编号。编号的具体方法是：1．将月首当值星中一月所在的区域用汉字编为"一"号，二月所在区域编为"二"号，以此类推。2．星宿所在区域的编号，采用阿拉伯数字来进行。根据纳西古籍的记载二十八星宿的第一宿纳西语称为"创昌夸"星，直译为六星角，意译为六兄弟星，对应中原二十八宿的昂宿。因此，我们将创昌夸编为1号，然后顺序为每一个区域编号。

第二步：翻译。

星轮图中使用的文字基本都是纳西象形文字，我们首先从月首当值星区域根据编号开始逐字直译，为了大家阅读方便，我们采用了汉字注音的方式来进行翻译，而没有采用音标注音；然后再根据直译文字进行逐句意译；对于星宿部分的翻译我们除了直译和意译外，还专门对每一星宿进行了比较详细的注释。

第三步：还原。

将根据每一份星轮图月首当值星和星宿排列的翻译解读，分别还原出 5 份日历。从中了解年首星和年尾星的设置情况以及每个月的天数设置等信息。

第四步：比对。

主要对所得 5 份材料的三个方面进行对比：1. 对比二十八宿的名称及排列顺序，以求从中找出相对正确的星宿名及排列顺序。2. 对比每份资料的月首当值星资料，弄清年首星的设置情况。3. 对比日历，从中找出规律，以厘清纳西先民在制定二十八星宿历时的规则、原理。

古纳西东巴文化的传承自古以来都主要是通过口传心授以及古籍学习的方式来完成，这种传承方式有其优越性，也有不可避免的弊端。因其方式缺少科学性和准确性，如某一知识点在上一代出现错漏或经书在传抄过程中出现错误，下一代也将错学错用，最终导致后世拿错误的知识当成正确的知识来传承，这种情况屡见不鲜。我们在此将做大胆的尝试和探索，力图完成纳西二十八星宿的研究和订正，重构星轮图和星宿日历。

三、五份星轮图释译、研究

1．东巴博物馆藏星轮图（一）

　　残卷，纸本，墨书。尺寸、年代、作者不详。残破，纪月部分能清晰辨认的有九个月份。记录二十八星宿部分，能分辨的有二十二颗。

　　此星轮图外观呈圆圈状，圆圈分为中心圆圈、内圈、外圈三个部分。中心部分内的象形文字应是此图的名称，可翻译为：二十八星宿轮值（图）。内圈的整个区域被平均分为二十八个区域空间，每一个区域空间内用象形文字记录着一颗星宿名称。外圈被分为十二个扇形，扇形内用象形文字记录了全年十二个月月首星宿的名称。根据星轮图构造，我们绘制了星轮结构、区域、编号示意图。下文将对编号区域内的象形文字分别进行释义、研究。

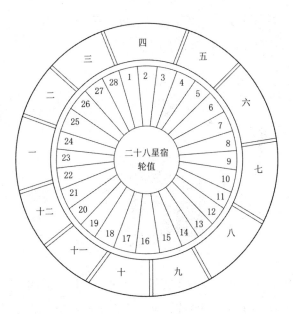

星轮图区域编号图

（1）外圈直译

编号一

正月 { } 毕布枯

编号一，图内的象形文字按从上往下、从左至右的传统竖写顺序书写，第一行的三个文字译作：正月（即：一月）；中间一行的文字上面两字译作：初，下面两字译作：一日；最后一行为音译，译作：毕布枯。

编号二

二月 { } "耳朵"

编号二，第一行的文字只剩一个，但仍可辨认，译作二月；中间一行的文字译作：初，下面字已模糊；最后一行仅剩一对耳朵，根据同其他星轮图的对比，此字应为"马头"，下面还应有一字（见小图），二字组合译作：柔正。

54

编号三

编号三，第一行仅剩一个字，按顺序推理此处应为：三月；中间一行的文字上面两字译作：初，下面已看不清，应有"一日"两字；最后一行上面两字为哥巴文，译作：娜格，下面两字译为"轮到"。

编号四

编号四，第一行译作：四月；第二行译作：初；第三行译作：创昌夸（六星角）；最后一行译为"轮到"。

编号五

五月 { ... } 司托夸

　　编号五，第一行译作：五月；中间一行译作：初；最后一行译作：司托夸。

编号六

初一　　　吉孔

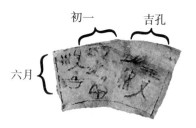

六月 { ... }

　　编号六，第一行译作：六月；第二行译作：初一；第三行译作：吉孔（水头）；最后两字译为"轮到"。

编号七

七月 楚孔

编号七，第一行译作：七月；第二行译作：初；最后一行译作：楚孔。

编号八

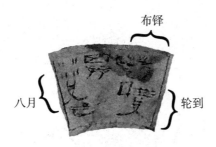

布铎

八月 轮到

编号八，第一行译作：八月；第二行译作：初；第三行上面二字译作：布铎（猪背），靠右下角的两字可译作"轮到"。

编号九

编号九，第一行译作：九月；第二行上面译作：初，下面那字代表"阴"或"月"；第三行第一个符号由两部分组成，三个圆圈符号读"蕊"，在它头上长着两只角，角在纳西语中读"夸"，两字合译作：蕊夸。最下面的符号是"轮到"的意思。

编号十

编号十，第一行三个字符号译作：十月；第二行译作：初；第三行第一个符号"蕊"，第二个符号读"江"，脖颈的意思。

编号十一

十一月

胃

编号十一，第一行的象形文字表示十一月；最下面的符号是象形字"胃"，读作"督"；右上角的字已看不出来，推测是"蕊"，"蕊"字和"督"字组合读作"蕊督"。

编号十二

十二月 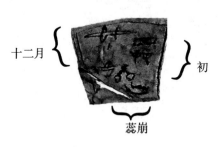 初

蕊崩

编号十二，第一行译作：十二月；第二行上面两字译作：初；下面两字一个是"蕊"字，另一个是"脚"，组合译作：蕊崩。

59

（2）外圈意译

编号一至编号十二区域内的内容依次意译为：

1．正月初一日，由毕布枯星当值。

2．二月初一日，由柔正星当值。

3．三月初一日，由娜格星当值。

4．四月初一日，由创昌夸星当值。

5．五月初一日，由司托夸星当值。

6．六月初一日，由吉孔星当值。

7．七月初一日，由楚孔星当值。

8．八月初一日；由布铎星当值。

9．九月初一日，由蕊夸星当值。

10．十月初一日，由蕊江星当值。

11．十一月初一，由蕊督星当值。

12．十二月初一，由蕊崩星当值。

（3）内圈直译

编号 1

上方六个叉表示六星，读作"创昌"。下方的符号表示"角"，读作"夸"。两组符号合起来译作：创昌夸。

编号 2

同编号 1 相同，上方六个叉表示六星，读作"创昌"。下方的符号表示"蛋"，读作"古"。两组符号合译作：创昌古。

编号 3

第一个符号由两个字组成，上边"火"字，下边"眼"字，两字组合是红眼的意思。下方的圆圈表示"星"。两组符号合起来译作：红眼星，读作：谬许糯庚。

编号 4

上边的字已看不清，参看编号 5，推测为"三星"二字，下边是"角"字。此宿应为：三星角，纳西语读作"司托夸"。

编号 5

上方三竖代表"三"，下方的符号已看不清楚，结合上下文推断，此宿应为"三星身"，译作：司托古。

编号 6

上方是"水"字，读作"吉"。下方的符号是"蒜"字，表"头"的音，读作"孔"。两组符号合译为：吉孔。

编号 7

第一个符号同上，是"水"字读"吉"音。下边的字表示"尾"或"尾巴"，读"满"音。两字组合是水尾的意思，译作：吉满。

编号 8

上边的字可译作稚鹰或雏鹰，读作"夫冷"，下面的象形文字是"鹰"，读"构庚"音。两字组合音译为：夫冷构庚。

编号 9

上方的第一个字应是表音字，表"楚"音。下方的符号表示"门"，读作"孔"。两组符号合起来译作：楚孔。

编号 10

上面的符号代表"猪"字，读作"布"。下方的符号表示"门"，读"孔"音。两组符号合译作：布孔。

编号 11

第一个符号是"猪"字，读作"布"音。下边的符号表示"背"，背脊的背，读"铎"音。两字组合读作：布铎。

编号 12

此区域的字已模糊，参看前文，推测上面是"猪"字，下边是"油"字，读"曼"音。此宿为：布曼。

编号 13

上方的符号是"蕊"星，下方的象形字是黄豆，读"古鲁"音，这字在这里应是表"嘴"的音。此宿译作：蕊古鲁。

编号 14

上方的象形文字是"蕊"星，下方的符号表示"角"，读作"夸"，两组符号合译为：蕊夸。

编号 15

第一个符号同上，表示"蕊"星。下边的字表示"耳"或"耳朵"，读"亨"音，两字组合是蕊星耳的意思，译作：蕊亨。

编号 16

上边的字读作"蕊星"，下面的象形文字是"颈""脖颈"，读"江"音，两字组合音译为：蕊江。

编号 17

上方的第一个字是"蕊星"，下方的符号"蛋"字表"古"音。两组符号合起来译作：蕊古。

编号 18

上面的符号代表"蕊星"，下方的符号表示"胃"，读"督"音。两组符号合译作：蕊督。

编号 19

第一个符号是"蕊星"，下边的象形符号表示"花"字，读"巴"音。上下两字组合读作：蕊巴。

编号 20

此区域的字已模糊，推测上方应是"蕊"字。从左下角的半个字推测是"辟"字，大腿骨的意思。此宿应当译作：蕊齐。

编号 21

　　此区域的上方、下方的符号都已看不清，结合上下文推断，此宿应为"蕊星脚"，译作：蕊崩。

编号 22

　　上方的字已模糊，下方依稀可辨是象形字"蒜"，和"头"同音，读作"枯"推断此宿为：毕布枯。

编号 23

　　同上，此区域上方的字也已模糊，下边的字表示"尾"或"尾巴"，读"满"音。推断此宿是：毕布满。

编号 24

　　上边的字模糊难辨，查看资料此处应是"马"字，读"柔"音。下面的象形文字是表音字，表"正"音。两字组合音译为：柔正。

编号 25

上方的第一个符号模糊
难辨，下方的符号表示"门"，
读作"孔"。查找资料并结
合上下文此宿应是：巴孔。

编号 26

上面的符号已模糊，下
方的符号仔细辨认应是"沫"
字，读"毕"音。结合上下
文此宿应是：巴毕。

编号 27

第二个符号是表音字，
读作"娜格"。此宿音译为：
娜格。

编号 28

上面的象形文字是"塔"
字，下边是表音字，表"构"
音。此宿译作：塔构。

（4）内圈意译

编号 1 至编号 28 区域内的内容依次意译为：

1. 创昌夸，意译为：六星角；2. 创昌古，意译为：六星身；3. 谬许糯庚，意译为：红眼星；4. 司托夸，意译为：三星角；5. 司托古，意译为：三星身；6. 吉孔，意译为：水头星；7. 吉满，意译为：水尾星；8. 夫冷构庚，意译为：稚鹰星；9. 楚孔，意译为：泉眼星；10. 布孔，意译为：猪嘴星；11. 布铎，意译为：猪身星；12. 布曼，意译为：猪油星；13. 蕊古鲁，意译为：蕊星头；14. 蕊夸，意译为：蕊星角；15. 蕊亨，意译为：蕊星耳；16. 蕊江，意译为：蕊星颈；17. 蕊古，意译为：蕊星身；18. 蕊督，意译为：蕊星胃；19. 蕊巴，意译为：蕊星花；20. 蕊齐，意译为：蕊星腿；21. 蕊崩，意译为：蕊星脚；22. 毕布枯，意译为：豪猪头星；23. 毕布满，意译为：豪猪尾星；24. 柔正，意译为：马星；25. 巴孔，意译为：蛙嘴星；26. 巴毕，意译为：蛙沫星；27. 娜格，意译为：黑雷星；28. 塔构，意译为：塔星。

（5）二十八宿详解

从纳西东巴古籍《祭星经》中得知纳西二十八星宿的第一宿是创昌夸，因此我们把创昌夸定为第一宿，然后依次详解。

第一宿　创昌夸

"创昌"是纳西语，是指"六星"，"六星"纳西族也称为"六兄弟星"，和中原二十八星宿中的昴星是同一星宿，纳西族也称为"昴星"。"夸"，纳西语指"角"（动物的角）。"创昌夸"是昴星角的意思，指的是此星宿所处的位置，也就是说此宿的距星位置是在昴星角的位置处。

第二宿　创昌古

前文已解释过"创昌"是昴星，"古"，纳西语中"身""身体"的意思。"创昌古"也是指距星的位置，此宿的距星在昴星身体处。

第三宿　谬许糯庚

前文已解释"谬许糯庚"是红眼的意思，应该是在形象地描绘此星宿距星的外貌体征，可理解为此距星是两颗像眼睛一样红色的星星。

第四宿　司托夸

"司托"，纳西语指"三星"的意思，纳西族认为"司托星"就是"参星"，前文释义过了"夸"是指"角"。"司托夸"既是指"参星角"，也暗含了此宿距星的位置。

第五宿　司托古

同上一样"司托"指"参星"，"古"指"身、身体"。"司托古"指此宿的距星位置在参星的身体处。

第六宿　吉孔

"吉"是纳西语，"水"的意思；"孔"，纳西语指"头"，头尾的头。"吉孔"既是指水头星，也暗含了距星的位置，"水头"在纳西方位中应是指北方。

第七宿　吉满

同前，"吉"是纳西语，"水"的意思；"满"，纳西语指"尾"，尾巴的尾。"吉满"既是指水尾星，同样暗含了距星的位置，"水尾"在纳西方位中是指南方。

第八宿　夫冷构庚

"夫冷构庚"是纳西语，和志武老师译作"稚鹰星"。"夫冷构庚星"描绘的距星，应是此宿距星的形状。

第九宿　楚孔

"楚"，纳西语"温泉"的意思，这里指泉眼、泉口处；"孔"指"嘴"。"楚孔"是泉眼口的意思，译作：泉眼星。应该是在形象地描绘距星的位置，可理解为此距星处于泉眼星的中间部分。

第十宿　布孔

"布"，纳西语"猪"的意思。前文释义过了"孔"是指"嘴"。"布孔"即是指"猪嘴星"。显然纳西先民是把这一区域的星宿连线起来，其形状像猪，此宿距星的位置处于猪嘴处。

第十一宿　布铎

同上，"布"，纳西语"猪"的意思。"铎"是指"背"，背脊的背。"布铎"即是指"猪背星"，此宿距星的位置处于猪背处。

第十二宿　布曼

"布"，纳西语"猪"的意思。"曼"是指"油"，猪油的油。"布曼"即是指"猪油星"，此宿距星的位置处于猪油处。

第十三宿　蕊古鲁

"蕊"，纳西语指"蕊星"。此星是纳西族特有的星宿，并不是单指某一颗星宿，而是指一大片天空中很多恒星组成的星宿总称。"古鲁"的意思是指"头"，"蕊古鲁"即是指此宿距星的位置处于"蕊星"头的位置。

第十四宿　蕊夸

同上，"蕊"指"蕊星"；"夸"，纳西语"角"的意思。"蕊夸"即是指"蕊星的角"，暗指此宿距星的位置处于"蕊星"角的地方。

第十五宿　蕊亨

同上，"蕊"指"蕊星"；"亨"，纳西语"耳、耳朵"的意思。"蕊亨"即是指"蕊星的耳朵"，暗指此宿距星处于"蕊星"耳朵的位置。

第十六宿　蕊江

同上，"蕊"指"蕊星"；"江"，纳西语指"颈"，脖颈的颈。"蕊江"即是指"蕊星的脖颈"，暗指此宿距星的位置处于"蕊星"脖颈的地方。

第十七宿　蕊古

同上，"蕊"是指"蕊星"；"古"，纳西语表"身、身体"的音。"蕊古"是指"蕊星的身体"，暗含了此宿距星处于"蕊星"身体的位置。

第十八宿　蕊督

同上，"蕊"指"蕊星"；"督"，纳西语原指"羊的胃"，这里指"胃"。"蕊督"即是指"蕊星的胃"，暗指此宿距星的位置处于"蕊星"胃的地方。

第十九宿　蕊巴

同上，"蕊"是指"蕊星"；"巴"，纳西语"花"的意思，这里指女性的生殖器"阴、阴部"。"蕊巴"是指"蕊星的阴部"，暗含了此宿距星处于"蕊星"阴部的位置。

第二十宿　蕊齐

同上，"蕊"是指"蕊星"；"齐"，纳西语"大腿骨"的意思，这里指大腿。"蕊齐"是指"蕊星的大腿"，暗含了此宿距星在"蕊星"大腿的地方。

第二十一宿　蕊崩

同上，"蕊"是指"蕊星"；"崩"，纳西语"脚、脚底板"的意思。"蕊崩"是指"蕊星的脚底板"，同样暗指了此宿距星处于"蕊星"脚底板的位置。

第二十二宿　毕布枯

"毕布"是纳西语"豪猪"的发音；"枯"表"头"的发音；"毕布枯"即是指"豪猪头"的意思。这一区域纳西先民是以豪猪的形状来命名，说明此宿距星的位置处于豪猪头部的位置。

第二十三宿　毕布满

同上，"毕"，纳西语"豪"的意思，是豪猪的豪；"布"是纳西语"猪"的发音；"满"是"尾、尾巴"的发音。"毕布满"即是指"豪猪的尾巴"，暗含了此宿距星的位置处于豪猪尾巴处的意思。

第二十四宿　柔正

"柔"，纳西语，"马"的发音；"正"在此处不知何意。"柔正"即是指"马星"。看来纳西先民是把此宿看作了"马"，依凭的是形状还是其他就不得而知了。

第二十五宿　巴孔

"巴"，纳西语"蛙、青蛙"的意思；"孔"前面已解释过指"嘴"。"巴孔"即是指"蛙嘴星"。纳西先民是把这一区域星宿连线看成了青蛙的形状，此宿距星的位置处于蛙嘴处。

第二十六宿　巴毕

同上，"巴"，纳西语"蛙、青蛙"的意思；"毕"指"沫、吐沫"。"巴毕"即是指"蛙沫星"，根据青蛙吐沫这一动作推断，此宿距星的位置应处于蛙嘴的下方。

第二十七宿　娜格

"娜格"是表音字，和志武先生把其译作"黑雷星"。

第二十八宿　塔构

"塔"，纳西语同汉字的塔是一个意思。"塔构"也译作"塔星"，其命名也应是根据形状而来。

（6）日历还原

此份星轮图记载的一年十二个月月首当值星，如下：

1．正月初一日，由毕布枯星当值。2．二月初一日，由柔正星当值。3．三月初一日，由娜格星当值。4．四月初一日，由创昌夸星当值。5．五月初一日，由司托夸星当值。6．六月初一日，由吉孔星当值。7．七月初一日，由楚孔星当值。8．八月初一日；由布铎星当值。9．九月初一日，由蕊夸星当值。10．十月初一日，由蕊江星当值。11．十一月初一日，由蕊督星当值。12．十二月初一日，由蕊崩星当值。

星轮中二十八宿的排列顺序，如下：

1．创昌夸；2．创昌古；3．谬许糯庚；4．司托夸；5．司托古；6．吉孔；7．吉满；8．夫冷构庚；9．楚孔；10．布孔；11．布铎；12．布曼；13．蕊古鲁；14．蕊夸；15．蕊亨；16．蕊江；17．蕊古；18．蕊督；19．蕊巴；20．蕊齐；21．蕊崩；22．毕布枯；23．毕布满；24．柔正；25．巴孔；26．巴毕；27．娜格；28．塔构。

根据以上两个条件，还原日历如下：

正月初一，由毕布枯星当值。

一日 毕布枯（22）　　二日 毕布满（23）　　三日 柔正（24）

四日 巴孔（25）　　五日 巴毕（26）六日 娜格（27）　　七日
塔构（28）　　八日 创昌夸（1）　　九日 创昌古（2）　　十日
谬许糯庚（3）　　十一日 司托夸（4）　　十二日 司托古（5）

十三日 吉孔（6）　　十四日 吉满（7）　　十五日 夫冷构庚（8）

十六日 楚孔（9）　　十七日 布孔（10）　　十八日 布铎（11）

十九日 布曼（12）　　二十日 蕊古鲁（13）　　二十一日 蕊夸（14）

二十二日 蕊亨（15）　　二十三日 蕊江（16）　　二十四日 蕊
古（17）　　二十五日 蕊督（18）　　二十六日 蕊巴（19）

二十七日 蕊齐（20）　　二十八日 蕊崩（21）　　二十九日 毕
布枯（22）　　三十日 毕布满（23）

二月初一，由柔正星当值。

一日 柔正（24）　　二日 巴孔（25）　　三日 巴毕（26）　　四
日 娜格（27）　　五日 塔构（28）　　六日 创昌夸（1）　　七
日 创昌古（2）　　八日 谬许糯庚（3）　　九日 司托夸（4）

十日 司托古（5）　　十一日 吉孔（6）　　十二日 吉满（7）

十三日 夫冷构庚（8）　　十四日 楚孔（9）　　十五日 布孔（10）

十六日 布铎（11）　　十七日 布曼（12）　　十八日 蕊古鲁（13）

十九日 蕊夸（14）　　二十日 蕊亨（15）　　二十一日 蕊江（16）

二十二日 蕊古（17）　　二十三日 蕊督（18）　　二十四日 蕊
巴（19）　　二十五日 蕊齐（20）　　二十六日 蕊崩（21）

二十七日 毕布枯（22）　　二十八日 毕布满（23）　　二十九日
柔正（24）　　三十日 巴孔（25）三十一日　　巴毕（26）

三月初一，由娜格星当值。

一日 娜格（27） 二日 塔构（28） 三日 创昌夸（1） 四日 创昌古（2） 五日 谬许糯庚（3） 六日 司托夸（4） 七日 司托古（5） 八日 吉孔（6） 九日 吉满（7） 十日 夫冷构庚（8） 十一日 楚孔（9） 十二日 布孔（10） 十三日 布铎（11） 十四日 布曼（12） 十五日 蕊古鲁（13） 十六日 蕊夸（14） 十七日 蕊亨（15） 十八日 蕊江（16） 十九日 蕊古（17） 二十日 蕊督（18） 二十一日 蕊巴（19） 二十二日 蕊齐（20） 二十三日 蕊崩（21） 二十四日 毕布枯（22） 二十五日 毕布满（23） 二十六日 柔正（24） 二十七日 巴孔（25） 二十八日 巴毕（26） 二十九日 娜格（27） 三十日 塔构（28）

四月初一，由创昌夸星当值。

一日 创昌夸（1） 二日 创昌古（2） 三日 谬许糯庚（3） 四日 司托夸（4） 五日 司托古（5） 六日 吉孔（6） 七日 吉满（7） 八日 夫冷构庚（8） 九日 楚孔（9） 十日 布孔（10） 十一日 布铎（11） 十二日 布曼（12） 十三日 蕊古鲁（13） 十四日 蕊夸（14） 十五日 蕊亨（15） 十六日 蕊江（16） 十七日 蕊古（17） 十八日 蕊督（18） 十九日 蕊巴（19） 二十日 蕊齐（20） 二十一日 蕊崩（21） 二十二日 毕布枯（22） 二十三日 毕布满（23） 二十四日 柔正（24） 二十五日 巴孔（25） 二十六日 巴毕（26） 二十七日 娜格（27） 二十八日 塔构（28） 二十九日 创昌夸（1） 三十日 创昌古（2） 谬许糯庚（3）

五月初一，由司托夸星当值。

一日 司托夸（4） 二日 司托古（5） 三日 吉孔（6） 四日 吉满（7） 五日 夫冷构庚（8） 六日 楚孔（9） 七日 布孔（10） 八日 布铎（11） 九日 布曼（12） 十日 蕊古鲁（13） 十一日 蕊夸（14） 十二日 蕊亨（15） 十三日 蕊江（16） 十四日 蕊古（17） 十五日 蕊督（18） 十六日 蕊巴（19） 十七日 蕊齐（20） 十八日 蕊崩（21） 十九日 毕布枯（22） 二十日 毕布满（23） 二十一日 柔正（24） 二十二日 巴孔（25） 二十三日 巴毕（26） 二十四日 娜格（27） 二十五日 塔构（28） 二十六日 创昌夸（1） 二十七日 创昌古（2） 二十八日 谬许糯庚（3） 二十九日 司托夸（4） 三十日 司托古（5）

六月初一，由吉孔星当值。

一日 吉孔（6） 二日 吉满（7） 三日 夫冷构庚（8） 四日 楚孔（9） 五日 布孔（10） 六日 布铎（11） 七日 布曼（12） 八日 蕊古鲁（13） 九日 蕊夸（14） 十日 蕊亨（15） 十一日 蕊江（16） 十二日 蕊古（17） 十三日 蕊督（18） 十四日 蕊巴（19） 十五日 蕊齐（20） 十六日 蕊崩（21） 十七日 毕布枯（22） 十八日 毕布满（23） 十九日 柔正（24） 二十日 巴孔（25） 二十一日 巴毕（26） 二十二日 娜格（27） 二十三日 塔构（28） 二十四日 创昌夸（1） 二十五日 创昌古（2） 二十六日 谬许糯庚（3） 二十七日 司托夸（4） 二十八日 司托古（5） 二十九日 吉孔（6） 三十日 吉满（7） 三十一日 夫冷构庚（8）

七月初一，由楚孔星当值。

一日 楚孔（9） 二日 布孔（10） 三日 布铎（11） 四日 布曼（12）

五日 蕊古鲁（13） 六日 蕊夸（14） 七日 蕊亨（15） 八日 蕊江（16） 九日 蕊古（17） 十日 蕊督（18） 十一日 蕊巴（19）

十二日 蕊齐（20） 十三日 蕊崩（21） 十四日 毕布枯（22）

十五日 毕布满（23） 十六日 柔正（24） 十七日 巴孔（25）

十八日 巴毕（26） 十九日 娜格（27） 二十日 塔构（28）

二十一日 创昌夸（1） 二十二日 创昌古（2） 二十三日 谬许糯庚（3） 二十四日 司托夸（4） 二十五日 司托古（5）

二十六日 吉孔（6） 二十七日 吉满（7） 二十八日 夫冷构庚（8） 二十九日 楚孔（9） 三十日 布孔（10）

八月初一，由布铎星当值。

一日 布铎（11） 二日 布曼（12） 三日 蕊古鲁（13）

四日 蕊夸（14） 五日 蕊亨（15） 六日 蕊江（16） 七日 蕊古（17） 八日 蕊督（18） 九日 蕊巴（19） 十日 蕊齐（20） 十一日 蕊崩（21） 十二日 毕布枯（22）

十三日 毕布满（23） 十四日 柔正（24） 十五日 巴孔（25）

十六日 巴毕（26） 十七日 娜格（27） 十八日 塔构（28）

十九日 创昌夸（1） 二十日 创昌古（2） 二十一日 谬许糯庚（3） 二十二日 司托夸（4） 二十三日 司托古（5）

二十四日 吉孔（6） 二十五日 吉满（7） 二十六日 夫冷构庚（8） 二十七日 楚孔（9） 二十八日 布孔（10）

二十九日 布铎（11） 三十日 布曼（12） 三十一日 蕊古鲁（13）

九月初一，由蕊夸当值。

一日 蕊夸（14） 二日 蕊亨（15） 三日 蕊江（16） 四日 蕊古（17） 五日 蕊督（18） 六日 蕊巴（19） 七日 蕊齐（20） 八日 蕊崩（21） 九日 毕布枯（22） 十日 毕布满（23） 十一日 柔正（24） 十二日 巴孔（25） 十三日 巴毕（26） 十四日 娜格（27） 十五日 塔构（28） 十六日 创昌夸（1） 十七日 创昌古（2） 十八日 谬许糯庚（3） 十九日 司托夸（4） 二十日 司托古（5） 二十一日 吉孔（6） 二十二日 吉满（7） 二十三日 夫冷构庚 （8） 二十四日 楚孔（9） 二十五日 布孔（10） 二十六日 布铎（11） 二十七日 布曼（12） 二十八日 蕊古鲁（13） 二十九日 蕊夸（14） 三十日 蕊亨（15）

十月初一，由蕊江星当值。

一日 蕊江（16） 二日 蕊古（17） 三日 蕊督（18） 四日 蕊巴（19） 五日 蕊齐（20） 六日 蕊崩（21） 七日 毕布枯（22） 八日 毕布满（23） 九日 柔正（24） 十日 巴孔（25） 十一日 巴毕（26） 十二日 娜格（27） 十三日 塔构（28） 十四日 创昌夸（1） 十五日 创昌古（2） 十六日 谬许糯庚(3) 十七日 司托夸(4) 十八日 司托古(5) 十九日 吉孔（6） 二十日 吉满（7） 二十一日 夫冷构庚 （8） 二十二日 楚孔（9） 二十三日 布孔（10） 二十四日 布铎（11） 二十五日 布曼（12） 二十六日 蕊古鲁（13） 二十七日 蕊夸（14） 二十八日 蕊亨（15） 二十九日 蕊江（16）三十日 蕊古（17）

十一月初一，由蕊督星当值。

一日 蕊督（18） 二日 蕊巴（19） 三日 蕊齐（20） 四日 蕊崩（21） 五日 毕布枯（22） 六日 毕布满（23） 七日 柔正（24） 八日 巴孔（25） 九日 巴毕（26） 十日 娜格（27） 十一日 塔构（28） 十二日 创昌夸（1） 十三日 创昌古（2） 十四日 谬许糯庚（3） 十五 司托夸（4） 十六日 司托古（5） 十七日 吉孔（6） 十八日 吉满（7） 十九日 夫冷构庚（8） 二十日 楚孔(9) 二十一日 布孔（10） 二十二日 布铎（11） 二十三日 布曼（12） 二十四日 蕊古鲁（13） 二十五日 蕊夸（14） 二十六日 蕊亨（15） 二十七日 蕊江（16） 二十八日 蕊古（17） 二十九日 蕊督（18） 三十日 蕊巴（19） 三十一日 蕊齐（20）

十二月初一，由蕊崩星当值。

一日 蕊崩（21） 二日 毕布枯（22） 三日 毕布满（23） 四日 柔正（24） 五日 巴孔（25） 六日 巴毕（26） 七日 娜格（27） 八日 塔构（28） 九日 创昌夸（1） 十日 创昌古（2） 十一日 谬许糯庚（3） 十二日 司托夸（4） 十三日 司托古（5） 十四日 吉孔（6） 十五日 吉满（7） 十六日 夫冷构庚 （8） 十七日 楚孔（9） 十八日 布孔（10） 十九日 布铎（11） 二十日 布曼（12） 二十一日 蕊古鲁（13） 二十二日 蕊夸（14） 二十三日 蕊亨（15） 二十四日 蕊江（16） 二十五日 蕊古（17） 二十六日 蕊督（18） 二十七日 蕊巴（19） 二十八日 蕊齐（20） 二十九日 蕊崩（21）

（7）**小结**

通过对这份星轮图的研究，我们得到如下几点信息：

(1) 星轮图完整记录了全年十二个月月首当值星，即：正月初一日，由毕布枯星当值。二月初一日，由柔正星当值。三月初一日，由娜格星当值。四月初一日，由创昌夸星当值。五月初一日，由司托夸星当值。六月初一日，由吉孔星当值。七月初一日，由楚孔星当值。八月初一日；由布铎星当值。九月初一日，由蕊夸星当值。十月初一日，由蕊江星当值。十一月初一，由蕊督星当值。十二月初一，由蕊崩星当值。

(2) 星轮图完整记录了二十八星宿的名称和排列顺序，即：1．创昌夸；2．创昌古；3．谬许糯庚；4．司托夸；5．司托古；6．吉孔；7．吉满；8．夫冷构庚；9．楚孔；10．布孔；11．布铎；12．布曼；13．蕊古鲁；14．蕊夸；15．蕊亨；16．蕊江；17．蕊古；18．蕊督；19．蕊巴；20．蕊齐；21．蕊崩；22．毕布枯；23．毕布满；24．柔正；25．巴孔；26．巴毕；27．娜格；28．塔构。

(3) 此份星宿年历从第22宿毕布枯开始，按星宿顺序逐月往下排列，全年排列到第21宿蕊崩星结束。每个月天数的分布规律性不强，一月30天；二月31天；三月30天；四月30天；五月30天；六月31天；七月30天；八月31天；九月30天；十月30天；十一月31天；十二月29天。全年总天数为363天。

2. 东巴博物馆藏星轮图（二）

此星轮图书写工整，品相完好，纸本，墨书。尺寸、年代、作者不详。

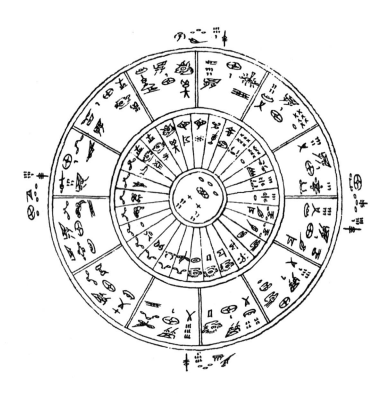

　　此星轮图外观呈圆形，圆圈分为中心圆圈、内圈、外圈三个部分。中心内的象形文字是此图的名称，翻译为：二十八星宿。内圈平均分为二十八个长扇形格子，每一个格子用象形文字记录着星宿名称。外圈平均分为十二个扇形，扇形内用象形文字记录了全年十二个月月首星宿的名称。根据星轮图构造，我们绘制了星轮结构、区域、编号示意图。

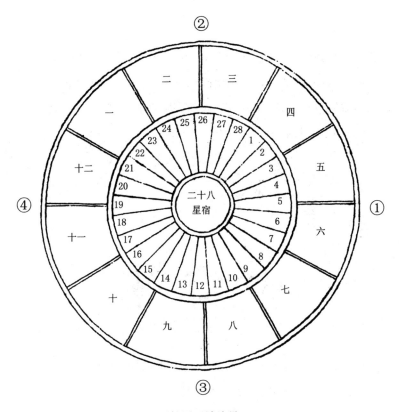

星轮图区域编号

（1）**圈外文字释译**

编号①

书写格式为从左至右横写，开头两个符号表示"东方"，像棵小树的字是"木"，木字下方的三个小圆圈是"星"字，旁边的七小竖表示数字"7"，最后一字表示"中"。整句意译为：东方属木的七星。

编号②

第一个符号表示"北方"，星字下面的符号是"水"字，其他字同上。整句意译为：北方属水的七星。

编号③

南方 {

　　第一个符号表示"南方"，旁边的符号是"火"字，其他字同上。整句意译为：南方属火的七星。

编号④

西方 {

　　第一个符号表示"西方"，星字上面的符号是"铁"字，其他字同上。整句意译为：西方属铁的七星。

（2）外圈直译

编号一

一日

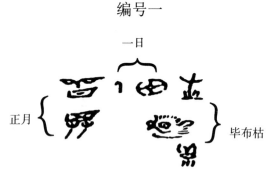

正月

毕布枯

编号一，图内的象形文字按从上往卜、从左至右的格式竖写，第一行的两个字译作：正月（即：一月）；中间一行的两个文字译作：一日；最后一行的三个象形文字为音译，译作：毕布枯。

编号二

初一日

二月

柔正

编号二，第一行的文字译作二月；中间一行的文字译作：初一；最后一行的二个象形文字组合译作：柔正。

编号三

一日

三月 娜格

轮到

编号三，第一行上面的文字译为：三月，下面的字译作：初；中间一行的文字译作：日一；最后一行上面的字译作：娜格，下面的字译为："轮到"。

编号四

初一日

四月 创昌古

编号四，第一行译作：四月；第二行译作：初一日；第三行译作：创昌古（六星身）。

编号五

初一日

五月 ｛ ... ｝ 司托夸

编号五，第一行译作：五月；中间一行译作：初一日；最后一行译作：司托夸。

编号六

初一日

六月 ｛ ... ｝ 庚盘吉孔

编号六，第一行译作：六月；第二行译作：初一日；第三行译作：庚盘吉孔（水头）。

编号七

七月  夫冷构庚

编号七，第一行译作：七月；第二行译作：初一；最后一行上面一字译作：日；下面两字译作：夫冷构庚。

编号八

初一日

八月  布铎

编号八，第一行译作：八月；第二行译作：初一日；第三行二个象形字译作：布铎（猪背）。

编号九

编号九，第一行译作：九月；第二行译作：初一日；第三行上面两个符号译作：蕊古鲁，最下面的符号是"轮到"的意思。

编号十

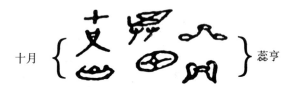

编号十，第一行三个字符译作：十月；第二行译作：初（一）日；第三行的第一个符号读"蕊"，第二个符号读"亨"，合译为：蕊亨。

90

编号十一

十一月  蕊督

编号十一，第一行的象形文字表示十一月；第二行译作：初（一）日；第三行上面的二个符号译作：蕊督；右下角的字是"轮到"的意思。

编号十二

十二月  蕊齐

编号十二，第一行上面两字译作：十二月，左下角的字译作：初；第二行两字译作：日一；第三行两字译作：蕊齐。

（3）外圈意译

编号一至编号十二区域内的内容依次意译为：

1. 正月初一日，由毕布枯星当值。

2. 二月初一日，由柔正星当值。

3. 三月初一日，由娜格星当值。

4. 四月初一日，由创昌古星当值。

5. 五月初一日，由司托夸星当值。

6. 六月初一日，由庚盘吉孔星当值。

7. 七月初一日，由夫冷构庚星当值。

8. 八月初一日，由布铎星当值。

9. 九月初一日，由蕊古鲁星当值。

10. 十月初一日，由蕊亨星当值。

11. 十一月初一，由蕊督星当值。

12. 十二月初一，由蕊齐星当值。

（4）**内圈直译**

编号 1

上方六个叉表示六星，读作"创昌"。下方的符号表示"角"，读作"夸"。两组符号合起来译作：创昌夸。

编号 2

同上，上方六个叉表示六星，读作"创昌"。下方的符号表示"蛋"，读作"古"。两组符号合译作：创昌古。

编号 3

第一个符号是由两个字组成，上边是"眼"字，下边是"火"字，合译作：红眼星，读作：谬许糯庚。

编号 4

第一个象形字为"三"字，中间的字读"托"音，下边是"角"字。此宿译作：三星角，读作"司托夸"。

编号 5

上方三竖代表"三"，读"司"音。中间的符号读"托"，此宿是"三星身"的意思，译作：司托古。

编号 6

上方两字表示"亮星"，读作"庚盘"。下方的两个符号是"水"和"门"，译为：吉孔。

编号 7

第一个符号同上，是"亮星"，读"庚盘"。下边的字表示"水"和"尾"，读"吉满"。组合译作：庚盘吉满。

编号 8

上边的字可译作稚鹰或雏鹰，读作"夫冷"，下面的象形文字是"鹰"，读"构庚"音，两字组合音译为：夫冷构庚。

编号9

　　第一个字应是表音字，表"楚"音。下方的符号表示"门"，读作"孔"。两组符号合起来译作：楚孔。

编号10

　　第一个符号代表"猪"，读作"布"。下方的符号表示"门"，读"孔"音。两组符号合译作：布孔。

编号11

　　第一个符号是"猪"字，读作"布"。下边的符号表示"背"，背脊的背，读"铎"音。两字组合读作：布铎。

编号12

　　第一个符号是"猪"字，读作"布"。下边是"油"字，读"曼"音。此宿为：布曼。

编号 13

　　上方的符号是"蕊"星，下方的象形字是黄豆，读"古鲁"音，这字在这里应是表示"头"，此宿译作：蕊古鲁。

编号 14

　　上方的象形文字是"蕊"星，下方的符号表示"角"，读作"夸"。两组符号合译为：蕊夸。

编号 15

　　第一个符号同上，表示"蕊"星。下边的字表示"耳"，读"亨"。两字组合是蕊星耳的意思，译作：蕊亨。

编号 16

　　上边的字读作"蕊星"，下面的象形文字是"颈""脖颈"，读"江"音。两字组合音译为：蕊江。

<table>
<tr><td>编号 17</td><td>编号 18</td></tr>
</table>

编号 17

编号 18

上方的第一个字是"蕊星"，下方的符号"蛋"字表"古"音。两组符号合起来译作：蕊古。

上面的符号代表"蕊星"，下方的符号表示"胃",读"督"音。两组符号合译作：蕊督。

编号 19

编号 20

第一个符号是"蕊星"，下边的象形符号表示"花"字，读"巴"音。上下两字组合读作：蕊巴。

第一个字是"蕊"，第二个是"齐"字，大腿骨的意思。此宿应当译作：蕊齐。

编号 21

编号 22

第一个符号表示"蕊星"，第二个符号表示"脚"，读"崩"音。此宿为"蕊星脚"，译作：蕊崩。

第一字读"毕"，第二字读"布"，第三字读"枯"音。此宿为：毕布枯。

编号 23

编号 24

同上，第一字读"毕"，第二字读"布"，下边的字表示"尾"，读"满"音。此宿译作：毕布满。

第一个字是"马"，读"柔"音。下面的象形文字表"正"音。两字组合音译为：柔正。

编号 25

第一个象形字是"蛙"字，读"巴"音。下方的符号表示"门"，读作"孔"。此宿译作：巴孔。

编号 26

同上第一个字是"蛙"，读"巴"音。下方的符号是"沫"字，读"毕"音。此宿应译作：巴毕。

编号 27

这两个符号是表音字，读作"娜格"。

编号 28

上面的象形文字是"塔"字，下边是表音字，表"构"音。此宿译作：塔构。

（5）内圈意译

编号1至编号28区域内的内容依次意译为：

1．创昌夸，意译为：六星角；2．创昌古，意译为：六星身；3．谬许糯庚，意译为：红眼星；4．司托夸，意译为：三星角；5．司托古，意译为：三星身；6．庚盘吉孔，水头星；7．庚盘吉满，意译为：水尾星；8．夫冷构庚，意译为：稚鹰星；9．楚孔，意译为：泉眼星；10．布孔，意译为：猪嘴星；11．布铎，意译为：猪身星；12．布曼，意译为：猪油星；13．蕊古鲁，意译为：蕊星头；14．蕊夸，意译为：蕊星角；15．蕊亨，意译为：蕊星耳；16．蕊江，意译为：蕊星颈；17．蕊古，意译为：蕊星身；18．蕊督，意译为：蕊星胃；19．蕊巴，意译为：蕊星花；20．蕊齐，意译为：蕊星腿；21．蕊崩，意译为：蕊星脚；22．毕布枯，意译为：豪猪头星；23．毕布满，意译为：豪猪尾星；24．柔正，意译为：马星；25．巴孔，意译为：蛙嘴星；26．巴毕，意译为：蛙沫星；27．娜格，意译为：黑雷星；28．塔构，意译为：塔星。

此星轮图记载的星宿名称和排列顺序，同"东巴博物馆藏星轮图（一）"中的记载相同。

（6）日历还原

整理星宿名称及顺序如下：

第一宿：创昌夸；第二宿：创昌古；第三宿：谬许糯庚；第四宿：司托夸；第五宿：司托古；第六宿：庚盘吉孔；第七宿：庚盘吉满；第八宿：夫冷构庚；第九宿：楚孔；第十宿：布孔；第十一宿：布铎；第十二宿：布曼；第十三宿：蕊古鲁；第十四宿：蕊夸；第十五宿：蕊亨；第十六宿：蕊江；第十七宿：蕊古；第十八宿：蕊督；第十九宿：蕊巴；第二十宿：蕊齐；第二十一宿：蕊崩；第二十二宿：毕布枯；第二十三宿：毕布满；第二十四宿：柔正；第二十五宿：巴孔；第二十六宿：巴毕；第二十七宿：娜格；第二十八宿：塔构。

整理月首当值星如下：

1. 正月初一日，由毕布枯星当值。2. 二月初一日，由柔正星当值。3. 三月初一日，由娜格星当值。4. 四月初一日，由创昌古星当值。5. 五月初一日，由司托夸星当值。6. 六月初一日，由庚盘吉孔星当值。7. 七月初一日，由夫冷构庚星当值。8. 八月初一日；由布铎星当值。9. 九月初一日，由蕊古鲁星当值。10. 十月初一日，由蕊亨星当值。11. 十一月初一，由蕊督星当值。12. 十二月初一，由蕊齐星当值。

根据以上条件，还原日历如下：

正月初一，由毕布枯星当值。

一日 毕布枯（22）　　二日 毕布满（23）　　三日 柔正（24）

四日 巴孔（25）　　五日 巴毕（26）　　六日 娜格（27）　　七

日 塔构（28）　　八日 创昌夸（1）　　九日 创昌古（2）　　十

日 谬许糯庚（3）　　十一日 司托夸（4）　　十二日 司托古（5）

十三日 吉孔（6）　　十四日 吉满（7）　　十五日 夫冷构庚（8）

十六日 楚孔（9）　　十七日 布孔（10）　　十八日 布铎（11）

十九日 布曼（12）　　二十日 蕊古鲁（13）　　二十一日 蕊夸（14）

二十二日 蕊亨（15）　　二十三日 蕊江（16）　　二十四日 蕊

古（17）　　二十五日 蕊督（18）　　二十六日 蕊巴（19）

二十七日 蕊齐（20）　　二十八日 蕊崩（21）　　二十九日 毕

布枯（22）　　三十日 毕布满（23）

二月初一，由柔正星当值。

一日 柔正（24）　　二日 巴孔（25）　　三日 巴毕（26）　　四

日 娜格（27）　　五日 塔构（28）　　六日 创昌夸（1）　　七

日 创昌古（2）　　八日 谬许糯庚（3）　　九日 司托夸（4）

十日 司托古（5）　　十一日 吉孔（6）　　十二日 吉满（7）

十三日 夫冷构庚（8）　　十四日 楚孔（9）　　十五日 布孔（10）

十六日 布铎（11）十七日 布曼（12）　　十八日 蕊古鲁（13）

十九日 蕊夸（14）　　二十日 蕊亨（15）　　二十一日 蕊江（16）

二十二日 蕊古（17）　　二十三日 蕊督（18）　　二十四日 蕊

巴（19）　　二十五日 蕊齐（20 ）　　二十六日 蕊崩（21）

二十七日 毕布枯（22）　　二十八日 毕布满（23）　　二十九日

柔正（24）　　三十日 巴孔（25）　　三十一日 巴毕（26）

三月初一，由娜格星当值。

一日 娜格（27） 二日 塔构（28） 三日 创昌夸（1） 四日 创昌古（2） 五日 谬许糯庚（3） 六日 司托夸（4） 七日 司托古（5） 八日 吉孔（6） 九日 吉满（7） 十日 夫冷构庚（8） 十一日 楚孔（9） 十二日 布孔（10） 十三日 布铎（11） 十四日 布曼（12） 十五日 蕊古鲁（13） 十六日 蕊夸（14） 十七日 蕊亨（15） 十八日 蕊江（16） 十九日 蕊古（17） 二十日 蕊督（18） 二十一日 蕊巴（19） 二十二日 蕊齐（20） 二十三日 蕊崩（21） 二十四日 毕布枯（22） 二十五日 毕布满（23） 二十六日 柔正（24） 二十七日 巴孔（25） 二十八日 巴毕（26） 二十九日 娜格（27） 三十日 塔构（28） 三十一日 创昌夸（1）

四月初一，由创昌古星当值。

一日 创昌古（2） 二日 谬许糯庚（3） 三日 司托夸（4） 四日 司托古（5） 五日 吉孔（6） 六日 吉满（7） 七日 夫冷构庚（8） 八日 楚孔（9） 九日 布孔（10） 十日 布铎（11） 十一日 布曼（12） 十二日 蕊古鲁（13） 十三日 蕊夸（14） 十四日 蕊亨（15） 十五日 蕊江（16） 十六日 蕊古（17） 十七日 蕊督（18） 十八日 蕊巴（19） 十九日 蕊齐（20） 二十日 蕊崩（21） 二十一日 毕布枯（22） 二十二日 毕布满（23） 二十三日 柔正（24） 二十四日 巴孔（25） 二十五日 巴毕（26） 二十六日 娜格（27） 二十七日 塔构（28） 二十八日 创昌夸（1） 二十九日 创昌古（2） 三十日 谬许糯庚（3）

103

五月初一，由司托夸星当值。

一日 司托夸（4） 二日 司托古（5） 三日 吉孔（6） 四日 吉满（7） 五日 夫冷构庚（8） 六日 楚孔（9） 七日 布孔（10） 八日 布铎（11） 九日 布曼（12） 十日 蕊古鲁（13） 十一日 蕊夸（14） 十二日 蕊亨（15） 十三日 蕊江（16） 十四日 蕊古（17） 十五日 蕊督（18） 十六日 蕊巴（19） 十七日 蕊齐（20） 十八日 蕊崩（21） 十九日 毕布枯（22） 二十日 毕布满（23） 二十一日 柔正（24） 二十二日 巴孔（25） 二十三日 巴毕（26） 二十四日 娜格（27） 二十五日 涛构（28） 二十六日 创昌夸（1） 二十七日 创昌古（2） 二十八日 谬许糯庚（3） 二十九日 司托夸（4） 三十日 司托古（5）

六月初一，由吉孔星当值。

一日 吉孔（6） 二日 吉满（7） 三日 夫冷构庚（8） 四日 楚孔（9） 五日 布孔（10） 六日 布铎（11） 七日 布曼（12） 八日 蕊古鲁（13） 九日 蕊夸（14） 十日 蕊亨（15） 十一日 蕊江（16） 十二日 蕊古（17） 十三日 蕊督（18） 十四日 蕊巴（19） 十五日 蕊齐（20） 十六日 蕊崩（21） 十七日 毕布枯（22） 十八日 毕布满（23） 十九日 柔正（24） 二十日 巴孔（25） 二十一日 巴毕（26） 二十二日 娜格（27） 二十三日 塔构（28） 二十四日 创昌夸（1） 二十五日 创昌古（2） 二十六日 谬许糯庚（3） 二十七日 司托夸（4） 二十八日 司托古（5） 二十九日 吉孔（6） 三十日 吉满（7）

七月初一，由夫冷构庚星当值。

一日 夫冷构庚（8） 二日 楚孔（9） 三日 布孔（10）

四日 布铎（11） 五日 布曼（12） 六日 蕊古鲁（13）

七日 蕊夸（14） 八日 蕊亨（15） 九日 蕊江（16） 十日 蕊古（17） 十一日 蕊督（18） 十二日 蕊巴（19）

十三日 蕊齐（20） 十四日 蕊崩（21） 十五日 毕布枯（22）

十六日 毕布满（23） 十七日 柔正（24） 十八日 巴孔（25）

十九日 巴毕（26） 二十日 娜格（27） 二十一日 塔构（28）

二十二日 创昌夸（1） 二十三日 创昌古（2） 二十四日 谬许糯庚（3） 二十五日 司托夸（4） 二十六日 司托古（5）

二十七日 吉孔（6） 二十八日 吉满（7） 二十九日 夫冷构庚（8） 三十日 楚孔（9） 三十一日 布孔（10）

八月初一，由布铎星当值。

一日 布铎（11） 二日 布曼（12） 三日 蕊古鲁（13）

四日 蕊夸（14） 五日 蕊亨（15） 六日 蕊江（16） 七日 蕊古（17） 八日 蕊督（18） 九日 蕊巴（19） 十日 蕊齐（20） 十一日 蕊崩（21） 十二日 毕布枯（22）

十三日 毕布满（23） 十四日 柔正（24） 十五日 巴孔（25）

十六日 巴毕（26） 十七日 娜格（27） 十八日 塔构（28）

十九日 创昌夸（1） 二十日 创昌古（2） 二十一日 谬许糯庚（3） 二十二日 司托夸（4） 二十三日 司托古（5） 二十四日 吉孔（6） 二十五日 吉满（7） 二十六日 夫冷构庚（8） 二十七日 楚孔（9）二十八日 布孔（10）

二十九日 布铎（11） 三十日 布曼（12）

九月初一，由蕊古鲁星当值。

一日 蕊古鲁（13）　　二日 蕊夸（14）　　三日 蕊亨（15）

四日 蕊江（16）　　五日 蕊古（17）　　六日 蕊督（18）　　七日 蕊巴（19）　　八日 蕊齐（20）　　九日 蕊崩（21）　　十日 毕布枯（22）　　十一日 毕布满（23）　　十二日 柔正（24）

十三日 巴孔（25）　　十四日 巴毕（26）　　十五日 娜格（27）

十六日 塔构（28）　　十七日 创昌夸（1）　　十八日 创昌古（2）

十九日 谬许糯庚（3）　　二十日 司托夸（4）　　二十一日 司托古（5）　　二十二日 吉孔（6）　　二十三日 吉满（7）　　初二十四日 夫冷构庚（8）　　二十五日 楚孔（9）　　二十六日 布孔（10）　　二十七日 布铎（11）　　二十八日 布曼（12）

二十九日 蕊古鲁（13）　　三十日 蕊夸（14）

十月初一，由蕊亨星当值。

一日 蕊亨（15）　　二日 蕊江（16）　　三日 蕊古（17）　　四日 蕊督（18）　　五日 蕊巴（19）　　六日 蕊齐（20）　　七日 蕊崩（21）　　八日 毕布枯（22）　　九日 毕布满（23）　　十日 柔正（24）　　十一日 巴孔（25）　　十二日 巴毕（26）　　十三日 娜格（27）　　十四日 塔构（28）　　十五日 创昌夸（1）

十六日 创昌古（2）　　十七日 谬许糯庚（3）　　十八日 司托夸（4）　　十九日 司托古（5）　　二十日 吉孔（6）　　二十一日 吉满（7）　　二十二日 夫冷构庚（8）　　二十三日 楚孔（9）

二十四日 布孔（10）　　二十五日 布铎（11）　　二十六日 布曼（12）　　二十七日 蕊古鲁（13）　　二十八日 蕊夸（14）

二十九日 蕊亨（15）　　三十日 蕊江（16）　　三十一日 蕊古（17）

106

十一月初一，由蕊督星当值。

一日 蕊督（18） 二日 蕊巴（19） 三日 蕊齐（20）

四日 蕊崩（21） 五日 毕布枯（22） 六日 毕布满（23）

七日 柔正（24） 八日 巴孔（25） 九日 巴毕（26） 十

日 娜格（27） 十一日 塔构（28） 十二日 创昌夸（1）

十三日 创昌古（2） 十四日 谬许糯庚（3） 十五日 司托夸（4）

十六日 司托古（5） 十七日 吉孔（6） 十八日 吉满（7）

十九日 夫冷构庚（8） 二十日 楚孔（9） 二十一日布孔（10）

二十二日 布铎（11） 二十三日 布曼（12） 二十四日 蕊

古鲁（13） 二十五日 蕊夸（14） 二十六日 蕊亨（15）

二十七日 蕊江（16） 二十八日 蕊古（17） 二十九日 蕊

督（18） 三十日 蕊巴（19）

十二月初一，由蕊齐星当值。

一日 蕊齐（20） 二日 蕊崩（21） 三日 毕布枯（22）

四日 毕布满（23） 五日 柔正（24） 六日 巴孔（25）

七日 巴毕（26） 八日 娜格（27） 九日 塔构（28） 十

日 创昌夸（1） 十一日 创昌古（2） 十二日 谬许糯庚（3）

十三日 司托夸（4） 十四日 司托古（5） 十五日 吉孔（6）

十六日 吉满（7） 十七日 夫冷构庚（8） 十八日 楚孔（9）

十九日 布孔（10） 二十日 布铎（11） 二十一日 布曼（12）

二十二日 蕊古鲁（13） 二十三日 蕊夸（14） 二十四日

蕊亨（15） 二十五日 蕊江（16） 二十六日 蕊古（17）

二十七日 蕊督（18） 二十八日 蕊巴（19） 二十九日 蕊

齐（20） 三十日 蕊崩（21）

107

（7）小结

通过对这份星轮图的研究，我们得到如下几点信息：

(1) 星轮图完整记录了全年十二个月月首当值星，即：正月初一日，由毕布枯星当值。二月初一日，由柔正星当值。三月初一日，由娜格星当值。四月初一日，由创昌古星当值。五月初一日，由司托夸星当值。六月初一日，由庚盘吉孔星当值。七月初一日，由夫冷构庚星当值。八月初一日；由布铎星当值。九月初一日，由蕊古鲁星当值。十月初一日，由蕊亨星当值。十一月初一，由蕊督星当值。十二月初一，由蕊齐星当值。

(2) 星轮图完整记录了二十八星宿的名称和排列顺序，即：1. 创昌夸；2. 创昌古；3. 谬许糯庚；4. 司托夸；5. 司托古；6. 庚盘吉孔；7. 庚盘吉满；8. 夫冷构庚；9. 楚孔；10. 布孔；11. 布铎；12. 布曼；13. 蕊古鲁；14. 蕊夸；15. 蕊亨；16. 蕊江；17. 蕊古；18. 蕊督；19. 蕊巴；20. 蕊齐；21. 蕊崩；22. 毕布枯；23. 毕布满；24. 柔正；25. 巴孔；26. 巴毕；27. 娜格；28. 塔构。

(3) 星宿年历从第 22 宿毕布枯开始，按星宿顺序逐月往下排列，每个月天数的分布规律性不强，一月 30 天；二月 31 天；三月 31 天；四月 30 天；五月 30 天；六月 30 天；七月 31 天；八月 30 天；九月 30 天；十月 31 天；十一月 30 天；十二月 30 天。全年排列到第 21 宿蕊崩星结束，全年总天数为 364 天。

3．丽江塔城东巴和顺绘星轮图

　　此星轮图书写清晰，品相尚好，纸本，墨书。此图收录于和阿干先生著《东巴文化真籍》一书。

　　此星轮图外观呈长方形，分为中心方块、内圈方块、外圈方块三个部分。中心方块内的象形文字是此图的名称，翻译为：星算（图）。内圈方块和外圈方块区域平均分为二十八个长梯形格子，东南西北四方各7个格子。内圈每一个格子用象形文字记录着月首当值星宿的名称和星宿的五行属相，外圈用象形文字记录了二十八星宿的名称。星轮图中记录的其他内容在本文中不做探讨，故我们只为星宿和月首当值星所在的区域做了编号。

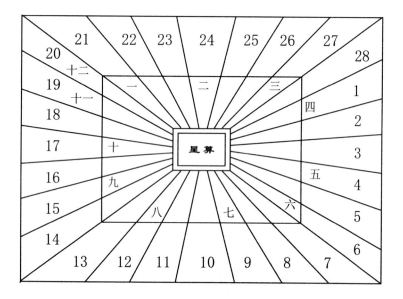

星轮图区域编号

（1）内圈文字释译

编号一

属木

正月
初一

毕布枯

编号一，图内的象形文字按从上往下的格式竖写，最上面的三个符号译作：毕布枯；下面的两字译作：属木；下面一格的文字译作：正月（即：一月）初一。

编号二

巴孔

二月初一

编号二，最上面的第一个符号是"蛙"字，读"巴"音。第二个字是"门"字，读"孔"。两字合译作：巴孔；下面的象形文字译作：二月初一。

编号三

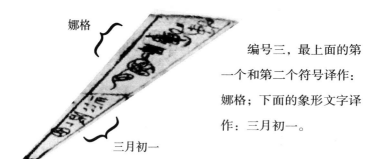

娜格

三月初一

编号三，最上面的第一个和第二个符号译作：娜格；下面的象形文字译作：三月初一。

编号四

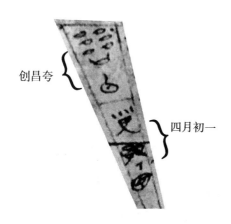

创昌夸

四月初一

编号四，最上面的第一个符号是"六星"，读"创昌"。第二个字是"角"字，读"夸"。两字合译作：创昌夸；下面一格的象形文字译作：四月初一。

编号五

司托夸

五月初一

编号五，最上面的三个象形文字译作：司托夸；下面一格的象形文字译作：五月初一。

编号六

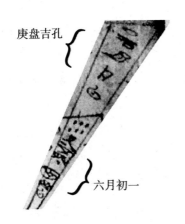

庚盘吉孔

六月初一

编号六，最上面的符号是"星"，第二个字是"亮"，第三字是"水"，第四字是"门"字。四字合译作：庚盘吉孔；下面一格的象形文字译作：六月初一。

编号七

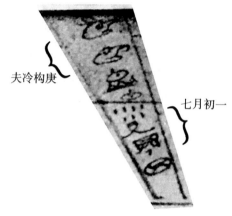

夫冷构庚

七月初一

编号七，最上面的第一个和第二个符号译作：夫冷构庚；下面的象形文字译作：七月初一。

编号八

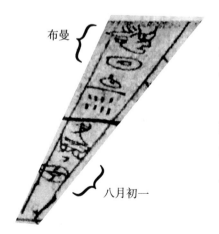

布曼

八月初一

编号八，最上面的第一个符号是"猪"，读"布"。第二个字是"油"字，读"曼"音。两字合译作：布曼；下面一格的象形文字译作：八月初一。

编号九

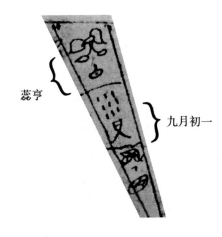

蕊亨

九月初一

编号九，最上面的
第一个象形文字译作：
蕊亨；下面一格的象形
文字译作：九月初一。

编号十

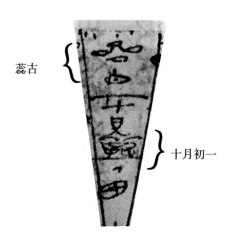

蕊古

十月初一

编号十，最上面的
第一个符号是"蕊星"，
第二个字是"蛋"，读
"古"音。二字合译作：
蕊古；下面一格的象形
文字译作：十月初一。

编号十一

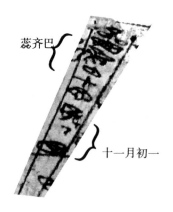

蕊齐巴

十一月初一

编号十一，最上面的第一个符号是"蕊星"，第二个符号是"肩"字，读"齐"，第三个字是"花"，读"巴"。译作：蕊齐巴；下面的象形文字译作：十一月初一。

编号十二

蕊崩

十二月初一

编号十二，最上面的第一个符号是"蕊星"，第二个字是"脚"字，读"崩"音。两字合译作：蕊崩；下面一格的象形文字译作：十二月初一。

（2）**内圈意译**

编号一至编号十二区域内的内容依次意译为：

1. 正月初一日，由毕布枯星当值。

2. 二月初一日，由巴孔星当值。

3. 三月初一日，由娜格星当值。

4. 四月初一日，由创昌夸星当值。

5. 五月初一日，由司托夸星当值。

6. 六月初一日，由庚盘吉孔星当值。

7. 七月初一日，由夫冷构庚星当值。

8. 八月初一日，由布曼星当值。

9. 九月初一日，由蕊亨星当值。

10. 十月初一日，由蕊古星当值。

11. 十一月初一，由蕊巴齐星当值。

12. 十二月初一，由蕊崩星当值。

（3）外圈直译

编号 1

（图）

上方六个小圈表示六星，读作"创昌"。下方的符号表示"角"，读作"夸"。两组符号合起来译作：创昌夸。

编号 2

（图）

同上，上方六个小圈表示六星，读作"创昌"。下方的符号表示"蛋"，读作"古"。两组符号合译作：创昌古。

编号 3

第一个符号是"眼"字，下边是"火"字。两字组合是红眼的意思，译作：红眼星，读作：谬许糯庚。

编号 4

第一个象形字为"三"字，中间的字读"托"音，下边是"角"字。此宿译作：三星角，读作"司托夸"。

编号 5

上方三个圈代表"三"，读"司"音。中间的符号读"托"。此宿是"三星身"的意思，译作：司托古。

编号 6

上方两字表示"亮星"，读作"庚盘"。下方的两个符号是"水"和"门"，译为吉孔。

编号 7

第一个符号同上，是"亮星"，读"庚盘"。下边的字表示"水"和"身"，读"吉古"。组合译作：庚盘吉古。

编号 8

第一个符号同上，是"亮星"，读"庚盘"。下边的字表示"水"和"尾"，读"吉满"。组合译作：庚盘吉满。

编号 9

上边的字可译作"稚鹰或雏鹰"，读作"夫冷"。下面的象形字是"鹰"，读"构庚"音。两字合译为：夫冷构庚。

编号 10

第一个符号代表"猪"，读作"布"。下方的符号表示"门"，读"孔"音。两符号合译作：布孔。

编号 11

第一个符号是"猪"字，读作"布"音。下边的符号表示"背"，背脊的背，读"铎"音。两字组合读作：布铎。

编号 12

同上，第一个符号是"猪"字，读作"布"音。下边是"油"字，读"曼"音。此宿译为：布曼。

编号 13

主体符号是"蕊"星，头上要表示的是何物，目前尚无定论。

编号 14

上方的象形文字表示"角"，读作"夸"。下方是"蕊"星，译为：蕊夸。

编号 15

此符号表示"蕊"星的耳朵，"耳"或"耳朵"读"亨"音。两字组合译作：蕊亨。

编号 16

上边的字读作"蕊星"，下面的象形文字是"颈""脖颈"，读"江"音。两字组合音译为：蕊江。

编号 17

上方的第一个字是"蕊星",下方的符号"蛋"字表"古"音。两组符号合起来译作：蕊古。

编号 18

上面的符号代表"蕊星",下方的符号表示"胃",读"督"音。两组符号合译作：蕊督。

编号 19

第一个符号是"蕊星",中间的符号读"齐",表示肩、肩膀,下边的象形符号表示"花"字,读"巴"音。上中下三字组合读作：蕊齐巴。

编号 20

第一个符号表示"蕊星",第二个符号表示"脚",读"崩"音。此宿为"蕊星脚",译作：蕊崩。

编号 21

第一字读"毕"，第二字读"布"，第三字读"枯"音。此宿为：毕布枯。

编号 22

同上，第一字读"毕"，第二字读"布"，下边的字表示"尾"，读"满"音。此宿译作：毕布满。

编号 23

第一个字是"马"，读"柔"音。下面的象形文字表"正"音。两字组合音译为：柔正。

编号 24

第一个象形字是"蛙"字，读"巴"音。下方的符号表示"门"，读作"孔"。此宿译作：巴孔。

编号 25

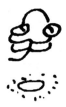

同上，第一个字是"蛙"，读"巴"音。下方的符号是"沫"字，读"毕"音。此宿应译作：巴毕。

编号 26

同上，第一个字是"蛙"，读"巴"音。下方的符号是"水"字，这里应是表示"水尾"。此宿应译作：巴满。

编号 27

这两个符号是表音字，读作"娜格"。

编号 28

上面的符号应是表示"塔"字，下边是"鹰"字，读"构"音。此宿译作：塔构。

（4）**内圈意译**

编号 1 至编号 28 区域内的内容依次意译为：

第一宿：创昌夸，意译为：六星角；第二宿：创昌古，意译为：六星身；第三宿：谬许糯庚，意译为：红眼星；第四宿：司托夸，意译为：三星角；第五宿：司托古，意译为：三星身；第六宿：庚盘吉孔，水头星；第七宿：庚盘吉古，意译为：水身星；第八宿：庚盘吉满，意译为：水尾星；第九宿：夫冷构庚，意译为：稚鹰星；第十宿：布孔，意译为：猪嘴星；第十一宿：布铎，意译为：猪身星；第十二宿：布曼，意译为：猪油星；第十三宿：未知；第十四宿：蕊夸，意译为：蕊星角；第十五宿：蕊亨，意译为：蕊星耳；第十六宿：蕊江，意译为：蕊星颈；第十七宿：蕊古，意译为：蕊星身；第十八宿：蕊督，意译为：蕊星胃；第十九宿：蕊齐巴，意译为：蕊肩花；第二十宿：蕊崩，意译为：蕊星脚；第二十一宿：毕布枯，意译为：豪猪头星；第二十二宿：毕布满，意译为：豪猪尾星；第二十三宿：柔正，意译为：马星；第二十四宿：巴孔，意译为：蛙嘴星；第二十五宿：巴毕，意译为：蛙沫星；第二十六宿：巴满，意译为：蛙尾星；第二十七宿：娜格，意译为：黑雷星；第二十八宿：塔构，意译为：塔星。

在研究此星轮图的过程中，我们发现如下问题：

1．此星轮图第七宿记录为：庚盘吉古。我们对比了其他多份星轮图和东巴历书，均未见有此宿记录，我们猜测为误写。

2．此星轮图第十三宿记录的符号，我们遍查资料也不知其意，请东巴释义，有说是"蕊星的头发"，更多的说不知意思。根据其他星轮记载十三宿为"蕊古鲁"，为此我们也将此宿定义为"蕊古鲁星"。

3．此星轮图记录的第十九宿是"蕊齐巴"，此宿应是记录了两个星宿"蕊齐"和"蕊巴"，不知何故记为了一个星宿。（见图）

综上所述，我们认为第七宿为误写，应删除；第十三宿应为两个星宿，分别为：蕊齐和蕊巴。由此，星宿排列顺序应调整为：

1．创昌夸；2．创昌古；3．谬许糯庚；4．司托夸；5．司托古；6．庚盘吉孔；7．庚盘吉满；8．夫冷构庚；9．布孔；10．布铎；11．布曼；12．蕊古鲁；13．蕊夸；14．蕊亨；15．蕊江；16．蕊古；17．蕊督；18．蕊巴；19．蕊齐；20．蕊崩；21．毕布枯；22．毕布满；23．柔正；24．巴孔；25．巴毕；26．巴满；27．娜格；28．塔构。

（5）日历还原

星轮图中记载的一年十二个月的月首当值星如下：

1. 正月初一日，由毕布枯星当值。2. 二月初一日，由巴孔星当值。3. 三月初一日，由娜格星当值。4. 四月初一日，由创昌夸星当值。5. 五月初一日，由司托夸星当值。6. 六月初一日，由庚盘吉孔星当值。7. 七月初一日，由夫冷构庚星当值。8. 八月初一日；由布曼星当值。9. 九月初一日，由蕊亨星当值。10. 十月初一日，由蕊古星当值。11. 十一月初一，由蕊（巴）齐星当值。12. 十二月初一，由蕊崩星当值。

星轮中二十八宿的排列顺序，如下：

1. 创昌夸；2. 创昌古；3. 谬许糯庚；4. 司托夸；5. 司托古；6. 庚盘吉孔；7. 庚盘吉满；8. 夫冷构庚；9. 布孔；10. 布铎；11. 布曼；12. 蕊古鲁；13. 蕊夸；14. 蕊亨；15. 蕊江；16. 蕊古；17. 蕊督；18. 蕊巴；19. 蕊齐；20. 蕊崩；21. 毕布枯；22. 毕布满；23. 柔正；24. 巴孔；25. 巴毕；26. 巴满；27. 娜格；28. 塔构。

根据以上条件，还原日历如下：

正月初一，由毕布枯星当值。

初一 毕布枯（21）　　初二 毕布满（22）　　初三 柔正（23）
初四 巴孔（24）　　初五 巴毕（25）　　初六 巴满（26）　　初
七 娜格（27）　　初八 塔构（28）　　初九 创昌夸（1）　　初十
创昌古（2）　　十一日 谬许糯庚（3）　　十二日 司托夸（4）
十三日 司托古（5）　　十四日 吉孔（6）　　十五日 吉满（7）
十六日 夫冷构庚（8）　　十七日 布孔（9）　　十八日 布铎（10）
十九日 布曼(11)　　二十日 蕊古鲁(12)　　二十一日 蕊夸（13）
二十二日 蕊亨（14）　　二十三日 蕊江(15)　　二十四日 蕊古（16）
二十五日 蕊督（17）　　二十六日 蕊巴（18）　　二十七日 蕊
齐（19）　　二十八日 蕊崩（20）　　二十九日 毕布枯（21）
三十日 毕布满（22）　　三十一日柔正（23）

二月初一，由巴孔星当值。

初一 巴孔（24）　　初二 巴毕（25）　　初三 巴满（26）　　初
四 娜格（27）　　初五 塔构（28）　　初六 创昌夸（1）　　初七
创昌古（2）　　初八 谬许糯庚（3）　　初九 司托夸（4）　　初
十 司托古（5）　　十一日 吉孔（6）　　十二日 吉满（7）
十三日 夫冷构庚（8）　　十四日 布孔（9）　　十五日 布铎（10）
十六日 布曼(11)　　十七日 蕊古鲁(12)　　十八日 蕊夸（13）
十九日 蕊亨（14）　　二十日 蕊江(15)　　二十一日 蕊古（16）
二十二日 蕊督（17）　　二十三日 蕊巴（18）　　二十四日
蕊齐（19）　　二十五日 蕊崩（20）　　二十六日 毕布枯（21）
二十七日 毕布满（22）　　二十八日 柔正（23）　　二十九日
巴孔（24）　　三十日 巴毕（25）　　三十一日 巴满（26）

三月初一，由娜格星当值。

初一日 娜格（27） 二初二 塔构（28） 初三 创昌夸（1）
初四 创昌古（2） 初五 谬许糯庚（3） 初六 司托夸（4）
初七 司托古（5） 初八 吉孔（6） 初九 吉满（7） 初
十 夫冷构庚（8） 十一日 布孔（9） 十二日 布铎
（10） 十三日 布曼（11） 十四日 蕊古鲁（12） 十五日
蕊夸（13） 十六日 蕊亨（14） 十七日 蕊江（15） 十八
日 蕊古（16） 十九日 蕊督（17） 二十日 蕊巴（18）
二十一日 蕊齐（19） 二十二日 蕊崩（20） 二十三日 毕
布枯（21 二十四日 毕布满（22） 二十五日 柔正（23）
二十六日 巴孔（24） 二十七日 巴毕（25） 二十八日 巴
满（26） 二十九日 娜格（27） 三十日 塔构（28）

四月初一，由创昌夸星当值。

初一 创昌夸（1） 初二 创昌古（2） 初三 谬许糯庚（3）
初四 司托夸（4） 初五 司托古（5） 初六 吉孔（6） 初七
吉满（7） 初八 夫冷构庚（8） 初九 布孔（9） 初十 布
铎（10） 十一日 布曼（11） 十二日 蕊古鲁（12） 十三日
蕊夸（13） 十四日 蕊亨（14） 十五日 蕊江（15） 十六日
蕊古（16） 十七日 蕊督（17） 十八日 蕊巴（18） 十九
日 蕊齐（19） 二十日 蕊崩（20） 二十一日 毕布枯（21）
二十二日 毕布满（22） 二十三日 柔正（23） 二十四日
巴孔（24） 二十五日 巴毕（25） 二十六日 巴满（26）
二十七日 娜格（27） 二十八日 塔构（28） 二十九日 创
昌夸（1） 三十日 创昌古（2） 三十一日 谬许糯庚（3）

五月初一日，由司托夸星当值。

初一 司托夸（4） 初二 司托古（5） 初三 吉孔（6） 初
四 吉满（7） 初五 夫冷构庚（8） 初六 布孔（9） 初
七 布铎（10） 初八 布曼（11） 初九 蕊古鲁（12） 初
十 蕊夸（13） 十一日 蕊亨（14） 十二日 蕊江（15）
十三日 蕊古（16） 十四日 蕊督（17） 十五日 蕊巴（18）
十六日 蕊齐（19） 十七日 蕊崩（20） 十八日 毕布枯
（21） 十九日 毕布满（22） 二十日 柔正（23） 二十一
日 巴孔（24） 二十二日 巴毕（25） 二十三日 巴满（26）
二十四日 娜格（27） 二十五日 塔构（28） 二十六日 创
昌夸（1） 二十七日 创昌古（2） 二十八日 谬许糯庚（3）
二十九日 司托夸（4） 三十日 司托古（5）

六月初一日，由吉孔星当值。

初一 吉孔（6） 初二 吉满（7） 初三 夫冷构庚（8）
初四 布孔（9） 初五 布铎（10） 初六 布曼（11） 初
七 蕊古鲁（12） 初八 蕊夸（13） 初九 蕊亨（14） 初
十 蕊江（15） 十一日 蕊古（16） 十二日 蕊督（17）
十三日 蕊巴（18） 十四日 蕊齐（19） 十五日 蕊崩（20）
十六日 毕布枯(21) 十七日 毕布满(22) 十八日 柔正(23)
十九日 巴孔（24） 二十日 巴毕（25） 二十一日 巴满（26）
二十二日 娜格（27） 二十三日 塔构（28） 二十四日 创
昌夸（1） 二十五日 创昌古（2） 二十六日 谬许糯庚（3）
二十七日 司托夸（4） 二十八日 司托古（5） 二十九日
吉孔（6） 三十日 吉满（7）

七月初一，由夫构星当值。

初一 夫冷构庚（8） 初二 布孔（9） 初三 布铎（10）

初四 布曼（11） 初五 蕊古鲁（12） 初六 蕊夸（13）

初七 蕊亨（14） 初八 蕊江（15） 初九 蕊古（16） 初

十 蕊督（17） 十一日 蕊巴（18） 十二日 蕊齐（19）

十三日 蕊崩（20） 十四日 毕布枯（21） 十五日 毕布满（22）

十六日 柔正（23） 十七日 巴孔（24） 十八日 巴毕（25）

十九日 巴满（26） 二十日 娜格（27） 二十一日 塔构（28）

二十二日 创昌夸（1） 二十三日 创昌古（2） 二十四日

谬许糯庚（3） 二十五日 司托夸（4） 二十六日 司托古（5）

二十七日 吉孔（6） 二十八日 吉满（7） 二十九日 夫冷

构庚（8） 三十日 布孔（9） 三十一日 布铎（10）

八月初一日，由布曼星当值。

初一 布曼（11） 初二 蕊古鲁（12） 初三 蕊夸（13） 初

四 蕊亨（14） 初五 蕊江（15） 初六 蕊古（16） 初七

蕊督（17） 初八 蕊巴（18） 初九 蕊齐（19） 初十 蕊崩（20）

十一日 毕布枯（21 十二日 毕布满（22） 十三日 柔正（23）

十四日 巴孔（24） 十五日 巴毕（25） 十六日 巴满（26）

十七日 娜格（27） 十八日 塔构（28） 十九日 创昌夸（1）

二十日 创昌古（2） 二十一日 谬许糯庚（3） 二十二日

司托夸（4） 二十三日 司托古（5） 二十四日 吉孔（6）

二十五日 吉满（7） 二十六日 夫冷构庚（8） 二十七日

布孔（9） 二十八日 布铎（10） 二十九日 布曼（11）

三十日 蕊古鲁（12） 三十一日 蕊夸（13）

九月初一日，由蕊亨星当值。

初一 蕊亨（14） 初二 蕊江（15） 初三 蕊古（16） 初四 蕊督（17） 初五 蕊巴（18） 初六 蕊齐（19） 初七 蕊崩（20） 初八 毕布枯（21） 初九 毕布满（22） 初十 柔正（23） 十一日 巴孔（24） 十二日 巴毕（25） 十三日 巴满（26） 十四日 娜格（27） 十五日 塔构（28） 十六日 创昌夸（1） 十七日 创昌古（2） 十八日 谬许糯庚（3） 十九日 司托夸（4） 二十日 司托古（5） 二十一日 吉孔（6） 二十二日 吉满（7） 二十三日 夫冷构庚（8） 二十四日 布孔（9） 二十五日 布铎（10） 二十六日 布曼（11） 二十七日 蕊古鲁（12） 二十八日 蕊夸（13） 二十九日 蕊亨（14） 三十日 蕊江（15）

十月初一日，由蕊古星当值。

初一 蕊古（16） 初二 蕊督（17） 初三 蕊巴（18） 初四 蕊齐（19） 初五 蕊崩（20） 初六 毕布枯（21） 初七 毕布满（22） 初八 柔正（23） 初九 巴孔（24） 初十 巴毕（25） 十一日 巴满（26） 十二日 娜格（27） 十三日 塔构（28） 十四日 创昌夸（1） 十五日 创昌古（2） 十六日 谬许糯庚（3） 十七日 司托夸（4） 十八日 司托古（5） 十九日 吉孔（6） 二十日 吉满（7） 二十一日 夫冷构庚（8） 二十二日 布孔（9） 二十三日 布铎（10） 二十四日 布曼（11） 二十五日 蕊古鲁（12） 二十六日 蕊夸（13） 二十七日 蕊亨（14） 二十八日 蕊江（15） 二十九日 蕊古（16） 三十日 蕊督（17）

132

十一月初一，由蕊巴星当值。

初一 蕊巴（18） 初二 蕊齐（19） 初三 蕊崩（20） 初四 毕布枯（21） 初五 毕布满（22） 初六 柔正（23） 初七 巴孔（24） 初八 巴毕（25） 初九 巴满（26） 初十 娜格（27） 十一日 塔构（28） 十二日 创昌夸（1） 十三日 创昌古（2） 十四日 谬许糯庚（3） 十五日 司托夸（4） 十六日 司托古（5） 十七日 吉孔（6） 十八日 吉满（7） 十九日 夫冷构庚（8） 二十日 布孔（9） 二十一日 布铎（10） 二十二日 布曼（11） 二十三日 蕊古鲁（12） 二十四日 蕊夸（13） 二十五日 蕊亨（14） 二十六日 蕊江（15） 二十七日 蕊古（16） 二十八日 蕊督（17） 二十九日 蕊巴（18） 三十日 蕊齐（19）

十二月初一，由蕊崩星当值。

初一 蕊崩（21） 初二 毕布枯（22） 初三 毕布满（23） 初四 柔正（24） 初五 巴孔（25） 初六 巴毕（26） 初七 娜格（27） 初八 塔构（28） 初九 创昌夸（1） 初十 创昌古（2） 十一日 谬许糯庚（3） 十二日 司托夸（4） 十三日 司托古（5） 十四日 吉孔（6） 十五日 吉满（7） 十六日 夫冷构庚（8） 十七日 楚孔（9） 十八日 布孔（10） 十九日 布铎(11) 二十日 布曼(12) 二十一日 蕊古鲁(13) 二十二日 蕊夸（14） 二十三日 蕊亨（15） 二十四日 蕊江（16） 二十五日 蕊古（17） 二十六日 蕊督（18） 二十七日 蕊巴（19） 二十八日 蕊齐（20） 二十九日 蕊崩（21）

（6）小结

通过对这份星轮图的研究，我们得到如下几点信息：

(1) 星轮图完整记录了全年十二个月月首当值星，即：1.正月初一日，由毕布枯星当值。2. 二月初一日，由巴孔星当值。3. 三月初一日，由娜格星当值。4. 四月初一日，由创昌夸星当值。5. 五月初一日，由司托夸星当值。6. 六月初一日，由庚盘吉孔星当值。7. 七月初一日，由夫冷构庚星当值。8. 八月初一日，由布曼星当值。9. 九月初一日，由蕊亨星当值。10. 十月初一日，由蕊古星当值。11. 十一月初一，由蕊（巴）齐星当值。12. 十二月初一，由蕊崩星当值。

(2) 星轮图完整记录了二十八星宿的名称和排列顺序，即：1. 创昌夸；2. 创昌古；3. 谬许糯庚；4. 司托夸；5. 司托古；6. 庚盘吉孔；7. 庚盘吉满；8. 夫冷构庚；9. 布孔；10. 布铎；11. 布曼；12. 蕊古鲁；13. 蕊夸；14. 蕊亨；15. 蕊江；16. 蕊古；17. 蕊督；18. 蕊巴；19. 蕊齐；20. 蕊崩；21. 毕布枯；22. 毕布满；23. 柔正；24. 巴孔；25. 巴毕；26. 巴满；27. 娜格；28. 塔构。

(3) 星宿年历从第 22 宿毕布枯开始，按星宿顺序逐月往下排列，每个月天数的分布规律性不强，一月 31 天；二月 31 天；三月 30 天；四月 31 天；五月 30 天；六月 30 天；七月 31 天；八月 31 天；九月 30 天；十月 30 天；十一月 30 天；十二月 29 天。全年排列到第 21 宿蕊崩星结束，全年总天数为 364 天。

4. 哈佛馆藏经书 L-26 星宿排序图

此星宿排序图书写清晰，品相完好，纸本，墨书。此图
收录于哈佛图书馆，编号为 L-26。

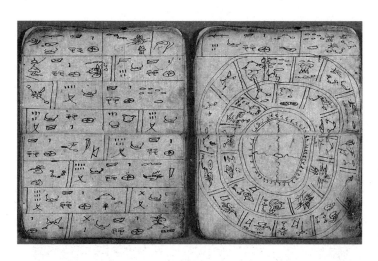

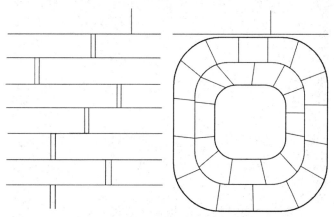

星轮结构、区域、编号示意图

　　与前面的星轮图有所不同，本经卷中记载的月首当值星和二十八星宿的排列顺序是分开记录，如图，左页面记录的是全年月首当值星的星宿名称，右页图内记载的是星宿排列顺序。根据经卷记载，我们绘制了星宿排列顺序、结构、区域、编号示意图。

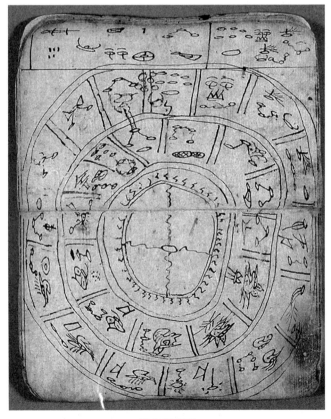

星宿排序图

（1）月首当值星直译

编号一

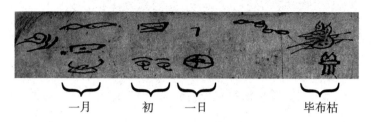

一月　　初　　一日　　　　毕布枯

编号一，图内的象形文字为竖排，按从上往下、从左至右的格式书写，最左面的第一个符号是起首装饰，无实际意思。接下来的符号分别表示一月、"初"字、"一日"。五行和六行合译作：毕布枯。

编号二

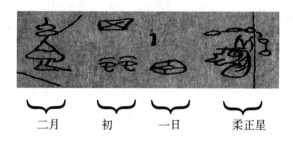

二月　　初　　一日　　　柔正星

编号二，最左面的符号表示"二月"；第二行竖写的两个符号表示"初"；第三行的符号表示"一日"；最后一行译作：柔正星。

编号三

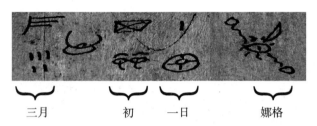

三月　　　　初　一日　　　娜格

编号三，最左面的符号表示"三月"；第二行竖写的两个符号表示"初"；第三行的符号同上，表示"一日"；最后一行译作：娜格。

编号四

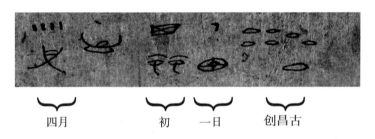

四月　　　　初　一日　　　创昌古

编号四，第一、二行的符号表示"四月"；第二行的两个符号表示"初"；第三行的符号，表示"一日"；最后一行译作：创昌古。

编号五

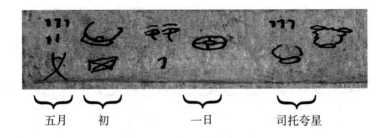

五月　　初　　　　一日　　　　司托夸星

　　编号五，图内的符号分别表示"五月"，"初"，"一日"，司托夸。最后一行的符号表示"星"。

编号六

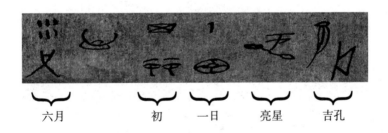

六月　　　　初　　一日　　亮星　　吉孔

　　编号六，第一、二行的符号表示"六月"；第三行的符号表示"初"；第四行的符号表示"一日"；第五行的符号表示"亮星"；最后一行的两个象形符号表示"水"和"门"字，二字合译作：吉孔。

编号七

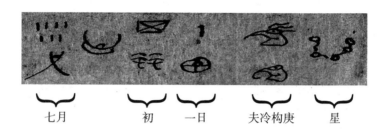

七月　　　初　一日　　夫冷构庚　星

编号七，图内的符号分别表示"七月"，"初"，"一日"，
"夫冷构庚"，"星"。

编号八

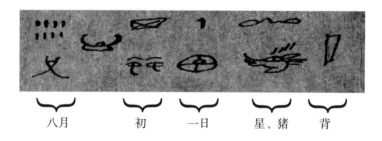

八月　　　初　一日　　星、猪　背

编号八，第一、二行的符号表示"八月"；第三行符号
表示"初"；第四行符号表示"一日"；第五行符号表示"星"
和"猪"；最后一行的符号表示"背"；后两行合译为布铎星。

编号九

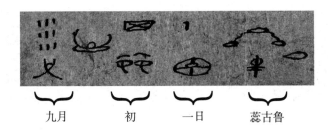

九月　　　初　　　一日　　　蕊古鲁

　　编号九，第一、二行的符号表示"九月"，第三行的符
号表示"初"，第四行的符号表示"一日"，第五行的三个
符号译作：蕊古鲁。

编号十

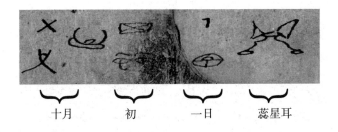

十月　　　初　　　一日　　　蕊星耳

　　编号十，第一、二行的符号表示"十月"；第三行的两
个符号表示"初"；第四行的符号表示"一日"；第五行的
符号表示"蕊星耳"，译作：蕊亨。

编号十一

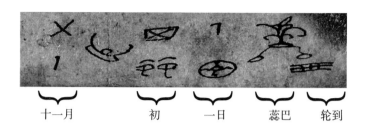

十一月　　　初　　　一日　　蕊巴　轮到

　　编号十一，第一、二行表示"十一月"；第三行表示"初"；第四行表示"一日"；第五行上面的符号译作蕊巴，下面的符号表示"轮到"。

编号十二

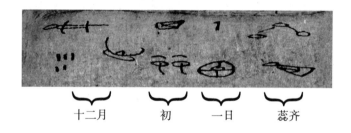

十二月　　　初　　　一日　　　蕊齐

　　编号十二，第一行和第二行的象形符号表示"十二月"；第三行的符号表示"初"；第四行符号表示"一日"；第五行上面的符号表示"蕊"，下面的符号是"齐"，合译作：蕊齐。

（2）月首当值星意译

编号一至编号十二区域内的内容依次意译为：

1. 正月初一日，由毕布枯星当值。

2. 二月初一日，由柔正星当值。

3. 三月初一日，由娜格星当值。

4. 四月初一日，由创昌古星当值。

5. 五月初一日，由司托夸星当值。

6. 六月初一日，由吉孔星当值。

7. 七月初一日，由夫冷构庚星当值。

8. 八月初一日，由布铎星当值。

9. 九月初一日，由蕊古鲁星当值。

10. 十月初一日，由蕊亨星当值。

11. 十一月初一日，由蕊巴星当值。

12. 十二月初一日，由蕊齐星当值。

（3）星宿排序直译

编号 1　　　　　　　　　　编号 2

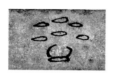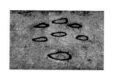

上方六个小圈表示六
星，读作"创昌"。下方
的符号表示"角"，读作
"夸"。两组符号合起来译
作：创昌夸。

同上，上方六个小圈表
示六星，读作"创昌"。下
方的符号表示"蛋"，读作
"古"。两组符号合译作：
创昌古。

编号 3　　　　　　　　　　编号 4

第一个符号是"眼"
字，下边是"火"字，两字
组合是红眼的意思。译作：
红眼星，读作：谬许糯庚。

第一个象形字是"三星
座"的意思，读"司托"音。
下边是"角"字，读"夸"。
此宿译作：司托夸。

编号5

左边的象形文字表示"三星座",读"司托"音。第二个符号是"蛋",读"古"。此宿译作:司托古。

编号6

第一个符号是"水"字,读"吉"音。中间的符号表示"白"或者"亮",读作"盘"。右边的符号是"门",读"孔"。此宿译为:吉孔。

编号7

第一个符号是"水"字,读"吉"音。水字相连的符号是"尾"字,读"满"音。右边的符号表示"白星"或者"亮星"。此宿译为:吉满。

编号8

左边的字可译作稚鹰或雏鹰,读作"夫冷"。右面的象形文字是"鹰",读"构庚"音。两字组合音译为:夫冷构庚。

编号 9

编号 10

第一个字是"泉"字，表"楚"音。下方的符号表示"门"，读作"孔"。两组符号合起来译作：楚孔。

第一个符号代表"猪"，读作"布"。右边的符号表示"门"，读"孔"音。两符号合译作：布孔。

编号 12

编号 11

第一个符号是"猪"字，读作"布"音。右边的符号表示"背"，背脊的背，读"铎"音。两字组合读作：布铎。

同上，第一个符号是"猪"字，读作"布"音。右边的符号是"油"字，读"曼"音。此宿译为：布曼。

编号 13

上方的符号是"蕊"星，下方的象形字是武器"茅"，读"鲁"音，在这里应是表示"头"。此宿译作：蕊古鲁。

编号 14

下方的象形文字是"蕊"星，上方的符号表示"角"，读作"夸"。两组符号合译为：蕊夸。

编号 15

同上，下方的符号表示"蕊"星。下边的字表示"耳"，读"亨"。两字组合是蕊星耳的意思，译作：蕊亨。

编号 16

左边的字读作"蕊星"，右边的象形文字是"颈""脖颈"，读"江"音。两字组合音译为：蕊江。

编号 17

上方的第一个字是"蕊星"，下方的符号"蛋"字表"古"音。两组符号合起来译作：蕊古。

编号 18

上面的符号代表"蕊星"，下方的符号表示"胃"，读"督"音。两组符号合译作：蕊督。

编号 19

第一个符号是"蕊星"，右上方的象形符号表示"花"字，读"巴"音。两字组合读作：蕊巴。

编号 21

第一个符号表示"蕊星"，第二个符号表示"脚"，读"崩"音。此宿为"蕊星脚"，译作：蕊崩。

编号 20

第一个字"蕊"，第二个是"齐"（辟）字，大腿骨的意思。此宿应当译作：蕊齐。

编号 22

第一字表示豪猪，读"毕布"。第二字是"蒜"字，读"枯"音。此宿译为：毕布枯。

编号 23

同上，第一字表示豪猪，读"毕布"。下边的字表示"尾"，读"满"音。此宿译作：毕布满。

编号 24

第一个字是"马"，读"柔正"音。旁边的象形文字表"星"字。两字组合音译为：柔正星。

编号 25

第一个象形字是"蛙"字，读"巴"音。右下符号表示"门"，读作"孔"。此宿译作：巴孔。

编号 26

同上，上方的符号是"蛙"字，读"巴"音。下方的符号表示"沫"字，读"毕"音。此宿应译作：巴毕。

编号 27

这个符号是表音字，读作"娜格"。

编号 28

上面的象形文字是"塔"字，下边是表音字，表"构"音。此宿译作：塔构。

（4）星宿意译

第一宿创昌夸，意译为：六星角；第二宿创昌古，意译为：六星身；第三宿谬许糯庚，意译为：红眼星；第四宿司托夸，意译为：三星角；第五宿司托古，意译为：三星身；第六宿庚盘吉孔，水头星；第七宿庚盘吉满，意译为：水尾星；第八宿夫冷构庚，意译为：稚鹰星；第九宿楚孔，意译为：泉眼星；第十宿布孔，意译为：猪嘴星；第十一宿布铎，意译为：猪身星；第十二宿布曼，意译为：猪油星；第十三宿蕊古鲁，意译为：蕊星头；第十四宿蕊夸，意译为：蕊星角；第十五宿蕊亨，意译为：蕊星耳；第十六宿蕊江，意译为：蕊星颈；第十七宿蕊古，意译为：蕊星身；第十八宿蕊督，意译为：蕊星胃；第十九宿蕊巴，意译为：蕊星花或蕊星阴；第二十宿蕊齐，意译为：蕊星肩；第二十一宿蕊崩，意译为：蕊星脚；第二十二宿毕布枯，意译为：豪猪头星；第二十三宿毕布满，意译为：豪猪尾星；第二十四宿柔正，意译为：马星；第二十五宿巴孔，意译为：蛙嘴星；第二十六宿巴毕，意译为：蛙沫星；第二十七宿娜格，意译为：黑雷星；第二十八宿塔构，意译为：塔星。

（5）**日历还原**

整理此星轮图星宿排列顺序，如下：

第一宿：创昌夸；第二宿：创昌古；第三宿：谬许糯庚；第四宿：司托夸；第五宿：司托古；第六宿：庚盘吉孔；第七宿：庚盘吉满；第八宿：夫冷构庚；第九宿：楚孔；第十宿：布孔；第十一宿：布铎；第十二宿：布曼；第十三宿：蕊古鲁；第十四宿：蕊夸；第十五宿：蕊亨；第十六宿：蕊江；第十七宿：蕊古；第十八宿：蕊督；第十九宿：蕊巴；第二十宿：蕊齐；第二十一宿：蕊崩；第二十二宿：毕布枯；第二十三宿：毕布满；第二十四宿：柔正；第二十五宿：巴孔；第二十六宿：巴毕；第二十七宿：娜格；第二十八宿：塔构。

整理一年十二个月的月首当值星资料，如下：

1. 正月初一日，由毕布枯星当值。2. 二月初一日，由柔正星当值。3. 三月初一日，由娜格星当值。4. 四月初一日，由创昌古星当值。5. 五月初一日，由司托夸星当值。6. 六月初一日，由吉孔星当值。7. 七月初一日，由夫冷构庚星当值。8. 八月初一日，由布铎星当值。9. 九月初一日，由蕊古鲁星当值。10. 十月初一日，由蕊亨星当值。11. 十一月初一日，由蕊巴星当值。12. 十二月初一日，由蕊齐星当值。

根据以上条件，还原日历如下：

正月初一，由毕布枯星当值。

一日 毕布枯（22） 二日 毕布满（23） 三日 柔正（24）
四日 巴孔（25） 五日 巴毕（26） 六日 娜格（27） 七日 塔构（28） 八日 创昌夸（1） 九日 创昌古（2） 十日 谬许糯庚（3） 十一日 司托夸（4） 十二日 司托古（5） 十三日 吉孔（6） 十四日 吉满（7） 十五日 夫冷构庚（8） 十六日 楚孔（9） 十七日 布孔（10） 十八日 布铎（11） 十九日 布曼（12） 二十日 蕊古鲁（13） 二十一日 蕊夸（14） 二十二日 蕊亨（15） 二十三日 蕊江（16） 二十四日 蕊古（17） 二十五日 蕊督（18） 二十六日 蕊巴（19） 二十七日 蕊齐（20） 二十八日 蕊崩（21） 二十九日 毕布枯（22） 三十日 毕布满（23）

二月初一，由柔正星当值。

一日 柔正（24） 二日 巴孔（25） 三日 巴毕（26） 四日 娜格（27） 五日 塔构（28） 六日 创昌夸（1） 七日 创昌古（2） 八日 谬许糯庚（3） 九日 司托夸（4） 十日 司托古（5） 十一日 吉孔（6） 十二日 吉满（7） 十三日 夫冷构庚（8） 十四日 楚孔（9） 十五日 布孔（10） 十六日 布铎（11） 十七日 布曼（12） 十八日 蕊古鲁（13） 十九日 蕊夸（14） 二十日 蕊亨（15） 二十一日 蕊江（16） 二十二日 蕊古（17） 二十三日 蕊督（18） 二十四日 蕊巴（19） 二十五日 蕊齐（20） 二十六日 蕊崩（21） 二十七日 毕布枯（22） 二十八日 毕布满（23） 二十九日 柔正（24） 三十日 巴孔（25） 三十一日 巴毕（26）

三月初一，由娜格星当值。

一日 娜格（27） 二日 塔构（28） 三日 创昌夸（1） 四日 创昌古（2） 五日 谬许糯庚（3） 六日 司托夸（4） 七日 司托古（5） 八日 吉孔（6） 九日 吉满（7） 十日 夫冷构庚（8） 十一日 楚孔（9） 十二日 布孔（10） 十三日 布铎（11） 十四日 布曼（12） 十五日 蕊古鲁（13） 十六日 蕊夸（14） 十七日 蕊亨（15） 十八日 蕊江（16） 十九日 蕊古（17） 二十日 蕊督（18） 二十一日 蕊巴（19） 二十二日 蕊齐（20） 二十三日 蕊崩（21） 二十四日 毕布枯（22） 二十五日 毕布满（23） 二十六日 柔正（24） 二十七日 巴孔（25） 二十八日 巴毕（26） 二十九日 娜格（27） 三十日 塔构（28） 三十一日 创昌夸（1）

四月初一，由创昌古星当值。

一日 创昌古（2） 二日 谬许糯庚（3） 三日 司托夸（4） 四日 司托古（5） 五日 吉孔（6） 六日 吉满（7） 七日 夫冷构庚（8） 八日 楚孔（9） 九日 布孔（10） 十日 布铎（11） 十一日 布曼（12） 十二日 蕊古鲁（13） 十三日 蕊夸（14） 十四日 蕊亨（15） 十五日 蕊江（16） 十六日 蕊古（17） 十七日 蕊督（18） 十八日 蕊巴（19） 十九日 蕊齐（20） 二十日 蕊崩（21） 二十一日 毕布枯（22） 二十二日 毕布满（23） 二十三日 柔正（24） 二十四日 巴孔（25） 二十五日 巴毕（26） 二十六日 娜格（27） 二十七日 塔构（28） 二十八日 创昌夸（1） 二十九日 创昌古（2） 三十日 谬许糯庚（3）

五月初一，由司托夸星当值。

一日 司托夸（4） 二日 司托古（5） 三日 吉孔（6） 四日 吉满（7） 五日 夫冷构庚（8） 六日 楚孔（9） 七日 布孔（10） 八日 布铎（11） 九日 布曼（12） 十日 蕊古鲁（13） 十一日 蕊夸（14） 十二日 蕊亨（15） 十三日 蕊江（16） 十四日 蕊古（17） 十五日 蕊督（18） 十六日 蕊巴（19） 十七日 蕊齐（20） 十八日 蕊崩（21） 十九日 毕布枯（22） 二十日 毕布满（23） 二十一日 柔正（24） 二十二日 巴孔（25） 二十三日 巴毕（26） 二十四日 娜格（27） 二十五日 塔构（28） 二十六日 创昌夸（1） 二十七日 创昌古（2） 二十八日 谬许糯庚（3） 二十九日 司托夸（4） 三十日 司托古（5）

六月初一，由吉孔星当值。

一日 吉孔（6） 二日 吉满（7） 三日 夫冷构庚（8） 四日 楚孔（9） 五日 布孔（10） 六日 布铎（11） 七日 布曼（12） 八日 蕊古鲁（13） 九日 蕊夸（14） 十日 蕊亨（15） 十一日 蕊江（16） 十二日 蕊古（17） 十三日 蕊督（18） 十四日 蕊巴（19） 十五日 蕊齐（20） 十六日 蕊崩(21) 十七日 毕布枯（22） 十八日 毕布满(23) 十九日 柔正（24） 二十日 巴孔（25） 二十一日 巴毕（26） 二十二日 娜格（27） 二十三日 塔构（28） 二十四日 创昌夸（1） 二十五日 创昌古（2） 二十六日 谬许糯庚（3） 二十七日 司托夸（4） 二十八日 司托古（5） 二十九日 吉孔（6） 三十日 吉满（7）

七月初一，由夫冷构庚星当值。

一日 夫冷构庚（8） 二日 楚孔（9） 三日 布孔（10）

四日 布铎（11） 五日 布曼（12） 六日 蕊古鲁（13）

七日 蕊夸（14） 八日 蕊亨（15） 九日 蕊江（16） 十日 蕊古（17） 十一日 蕊督（18） 十二日 蕊巴（19）

十三日 蕊齐（20） 十四日 蕊崩（21） 十五日 毕布枯（22）

十六日 毕布满（23） 十七日 柔正（24） 十八日 巴孔（25）

十九日 巴毕（26） 二十日 娜格（27） 二十一日 塔构（28）

二十二日 创昌夸（1） 二十三日 创昌古（2） 二十四日 谬许糯庚（3） 二十五日 司托夸（4） 二十六日 司托古（5）

二十七日 吉孔（6） 二十八日 吉满（7） 二十九日 夫冷构庚（8） 三十日 楚孔（9） 三十一日 布孔（10）

八月初一，由布铎星当值。

一日 布铎（11） 二日 布曼（12） 三日 蕊古鲁（13）

四日 蕊夸（14） 五日 蕊亨（15） 六日 蕊江（16） 七日 蕊古（17） 八日 蕊督（18） 九日 蕊巴（19） 十日 蕊齐（20） 十一日 蕊崩（21） 十二日 毕布枯（22）

十三日 毕布满（23） 十四日 柔正（24） 十五日 巴孔（25）

十六日 巴毕（26） 十七日 娜格（27） 十八日 塔构（28）

十九日 创昌夸（1） 二十日 创昌古（2） 二十一日 谬许糯庚（3） 二十二日 司托夸（4） 二十三日 司托古（5） 二十四日 吉孔（6） 二十五日 吉满（7） 二十六日 夫冷构庚（8） 二十七日 楚孔（9）二十八日 布孔（10）

二十九日 布铎（11） 三十日 布曼（12）

九月初一，由蕊古鲁星当值。

一日 蕊古鲁（13） 二日 蕊夸（14） 三日 蕊亨（15）
四日 蕊江（16） 五日 蕊古（17） 六日 蕊督（18） 七
日 蕊巴（19） 八日 蕊齐（20） 九日 蕊崩（21） 十日
毕布枯（22） 十一日 毕布满（23） 十二日 柔正（24）
十三日 巴孔（25） 十四日 巴毕（26） 十五日 娜格（27）
十六日 塔构（28） 十七日 创昌夸（1） 十八日 创昌古（2）
十九日 谬许糯庚（3） 二十日 司托夸（4） 二十一日
司托古（5） 二十二日 吉孔（6） 二十三日 吉满（7）
二十四日 夫冷构庚（8） 二十五日 楚孔（9） 二十六日
布孔（10） 二十七日 布铎（11） 二十八日 布曼（12）
二十九日 蕊古鲁（13） 三十日 蕊夸（14）

十月初一，由蕊亨星当值。

一日 蕊亨（15） 二日 蕊江（16） 三日 蕊古（17） 四日
蕊督（18） 五日 蕊巴（19） 六日 蕊齐（20） 七日 蕊崩（21）
八日 毕布枯（22） 九日 毕布满（23） 十日 柔正（24）
十一日 巴孔（25） 十二日 巴毕（26） 十三日 娜格（27）
十四日 塔构（28） 十五日 创昌夸（1） 十六日 创昌古（2）
十七日 谬许糯庚（3） 十八日 司托夸（4） 十九日 司托古（5）
二十日 吉孔（6） 二十一日 吉满（7） 二十二日 夫冷构庚（8）
二十三日 楚孔（9） 二十四日 布孔（10） 二十五日 布
铎（11） 二十六日 布曼（12） 二十七日 蕊古鲁（13）
二十八日 蕊夸（14） 二十九日 蕊亨（15） 三十日 蕊江（16）
三十一日 蕊古（17） 三十二日 蕊督（18）

十一月初一，由蕊巴星当值。

一日 蕊巴（19） 二日 蕊齐（20） 三日 蕊崩（21） 四日 毕布枯（22） 五日 毕布满（23） 六日 柔正（24） 七日 巴孔（25） 八日 巴毕（26） 九日 娜格（27） 十日 塔构（28） 十一日 创昌夸（1） 十二日 创昌古（2） 十三日 谬许糯庚（3） 十四日 司托夸（4） 十五日 司托古（5） 十六日 吉孔（6） 十七日 吉满（7） 十八日 夫冷构庚（8） 十九日 楚孔（9） 二十日 布孔（10） 二十一日 布铎（11） 二十二日 布曼（12） 二十三日 蕊古鲁（13） 二十四日 蕊夸（14） 二十五日 蕊亨（15） 二十六日 蕊江（16） 二十七日 蕊古（17） 二十八日 蕊督（18） 二十九日 蕊巴（19）

十二月初一，由蕊齐星当值。

一日 蕊齐（20） 二日 蕊崩（21） 三日 毕布枯（22） 四日 毕布满（23） 五日 柔正（24） 六日 巴孔（25） 七日 巴毕（26） 八日 娜格（27） 九日 塔构（28） 十日 创昌夸（1） 十一日 创昌古（2） 十二日 谬许糯庚（3） 十三日 司托夸（4） 十四日 司托古（5） 十五日 吉孔（6） 十六日 吉满（7） 十七日 夫冷构庚（8） 十八日 楚孔（9） 十九日 布孔（10） 二十日 布铎（11） 二十一日 布曼（12） 二十二日 蕊古鲁（13） 二十三日 蕊夸（14） 二十四日 蕊亨（15） 二十五日 蕊江（16） 二十六日 蕊古（17） 二十七日 蕊督（18） 二十八日 蕊巴（19） 二十九日 蕊齐（20） 三十日 蕊崩（21）

（6）**小结**

通过对此经卷的研究，我们得到以下几点信息：

(1) 全年十二个月月首当值星为：1．正月初一日，由毕布枯星当值。2．二月初一日，由柔正星当值。3．三月初一日，由娜格星当值。4．四月初一日，由创昌古星当值。5．五月初一日，由司托夸星当值。6．六月初一日，由吉孔星当值。7．七月初一日，由夫冷构庚星当值。8．八月初一日；由布铎星当值。9．九月初一日，由蕊古鲁星当值。10．十月初一日，由蕊亨星当值。11．十一月初一日，由蕊巴星当值。12．十二月初一日，由蕊齐星当值。

(2) 此图完整记录了二十八星宿的名称和排列顺序为：1．创昌夸；2．创昌古；3．谬许糯庚；4．司托夸；5．司托古；6．吉孔；7．吉满；8．夫冷构庚；9．楚孔；10．布孔；11．布铎；12．布曼；13．蕊古鲁；14．蕊夸；15．蕊亨；16．蕊江；17．蕊古；18．蕊督；19．蕊巴；20．蕊齐；21．蕊崩；22．毕布枯；23．毕布满；24．柔正；25．巴孔；26．巴毕；27．娜格；28．塔构。

(3) 星宿年历从第 22 宿毕布枯开始，按星宿顺序逐月往下排列，每个月天数的分布规律性不强，一月 30 天；二月 31 天；三月 31 天；四月 30 天；五月 30 天；六月 30 天；七月 31 天；八月 30 天；九月 30 天；十月 32 天；十一月 29 天；十二月 30 天。全年排列到第 21 宿蕊崩星结束，全年总天数为 364 天。

5. 丽江大东乡哦洛举村星轮图

此图为李国文先生收集，纸本，墨书，年代不清，合页，单页长 28 厘米，宽 8.5 厘米。

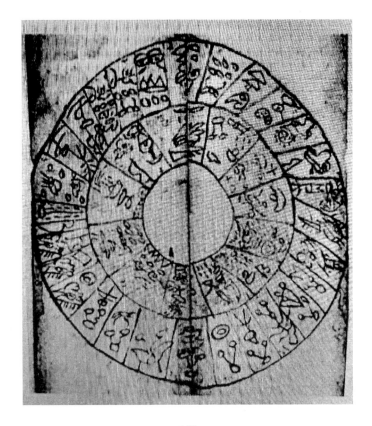

　　此星轮图外观呈圆形，圆圈分为中心圆圈、内圈、外圈三个部分。中心圆圈内空白；外圈区域平均分为二十八个长扇形格子，按逆时针顺序每一个格子中用象形文字记录了星宿名称。内圈平均分为十二个扇形，按逆时针顺序依次用象形文字记录了全年十二个月月首星宿的名称。根据星轮图结构，我们绘制了星轮结构、区域、编号示意图。

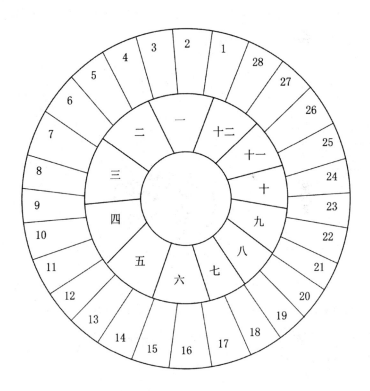

星轮结构、区域、编号示意图

（1）内圈月首当值星直译

编号一

一月 ﹛ ﹜ 毕布满

编号一，图内的象形文字按从右至左、从上向下的格式书写，最上面两个象形符号表示一月；下面两个象形符号表示"毕布满"。整句直译为：一月轮到毕布满。

编号二

巴孔 ﹛ ﹜ 二月

编号二，右边的二个象形符号表示"二月"；左面上方的符号读"巴"，蛙的意思；下面的东巴字为表音字，读"孔"音。合译为：巴孔。整句直译为：二月轮到巴孔。

编号三　　　　三月 { } 娜格

　　编号三，最前面的三个象形符号表示"三月"；后面两个象形符号是表音字，读作"娜格"。整句直译为：三月轮到娜格。

编号四　　　　 } 四月

创昌夸 { }

　　编号四，最上面的三个象形符号表示"四月"；下面的两个象形符号，第一个符号表示"角"，读"夸"音。下面的符号代表"六星"，读"创昌"。整句直译为：四月轮到创昌夸。

编号五

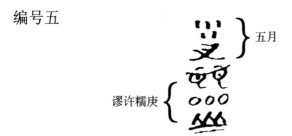

五月

谬许糯庚

    编号五，最上面的二个象形符号表示"五月"；下面的三个象形符号，第一个符号表示"眼睛"，读"谬许"音。第二个符号代表"星"，第三个符号表示"火"，在这里取火的颜色表示"红色"的意思。整句直译为：五月轮到谬许糯庚。

编号六

六月

司托古

    编号六，最上面的符号表示"六月"；最下面的两个符号，第一个符号表示"参星"或"三星"，读"司托"。下面的符号代表"熊"，表"古"音，连起来读"司托古"。整句直译为：六月轮到司托古。

164

编号七

七月 ｛ ｝ 庚盘吉满

　　编号七，左边一行的前两个符号和右边一行的第一个符号表示"七月"；右边的后两个符号和第一行的最后符号表示"白、水、尾"，读作"庚盘吉满"。整句直译为：七月轮到庚盘吉满。

编号八

八月 ｛ ｝ 楚孔

　　编号八，右边一行的两个象形符号译作：楚孔；左边一行的两个象形符号表示"八月"。整句直译为：八月轮到楚孔。

编号九

编号九，右边一行的三个符号表示"九月"；左边一行的两个符号，第一个表示"猪"，读"布"，第二个符号是"油"，读"曼"音，合译为"布曼"。整句直译为：九月轮到布曼。

编号十

编号十，从笔迹中分析，书写者在书写过程中有明显的改动，把"十"和"蕊星"符号改在了编号十一的格子内。仍然可以看出笔者是想表达"十月"。右下角的两个符号表示"蕊星角"，读"蕊夸"。整句直译为：十月轮到蕊夸。

编号十一

十一月 {

蕊油

编号十一，星轮顺序排列至此，应为十一月，但象形文字写成了"十月"，明显是误写。最下面的两个象形符号，一个表示"蕊星"，另一个表示"油"字，在纳西二十八宿中从未有"蕊油"这一宿的记载，我们猜想这也是误写，将"蕊古"误写成"蕊油"。

编号十二

蕊崩 {

} 十二月

编号十二，右边一行的三个象形符号表示"十二月"；右边的两个象形符号，上边一个是"蕊星"，下边的表示"脚或者脚板"，读"崩"音，合译为"蕊崩"。整句直译为：十二月轮到蕊崩。

（2）月首当值星意译

编号一至编号十二区域内的内容依次意译为：

1. 正月初一日，由毕布满星当值。

2. 二月初一日，由巴孔星当值。

3. 三月初一日，由娜格星当值。

4. 四月初一日，由创昌夸星当值。

5. 五月初一日，由谬许糯庚星当值。

6. 六月初一日，由司托古星当值。

7. 七月初一日，由庚盘吉满星当值。

8. 八月初一日；由楚孔星当值。

9. 九月初一日，由布曼星当值。

10. 十月初一日，由蕊夸星当值。

11. 十一月初一日，由蕊古星当值。

12. 十二月初一日，由蕊崩星当值。

（3）外圈直译

编号1

上方六个小圈表示六星，读作"创昌"。下方的符号表示"角"，读作"夸"。两组符号合起来译作：创昌夸。

编号2

同上，上方六个小圈表示六星，读作"创昌"。下方的符号表示"蛋"，读作"古"。两组符号合译作：创昌古。

编号3

第一个符号是"眼"字，中间是"火"字，下边表示"星"。两字组合是红眼的意思，译作：红眼星，读作：谬许糯庚。

编号4

第一和第二个象形字为"三星"字，读"司托"。下边是"角"字。此宿译作：三星角，读作"司托夸"。

169

编号 5

第一、二个象形字译为"三星"，下面的符号为"熊"，读"古"音，译作：司托古。

编号 6

上方两字表示"亮星"，读作"庚盘"。下方的两个符号是"水"和"门"，译为：庚盘吉孔。

编号 7

同上，上方的符号是"亮星"，读"庚盘"。下边的字表示"水尾"，读"吉满"。此宿译作：庚盘吉满。

编号 8

上边的字可译作"稚鹰或雏鹰"，读作"夫冷"。下面的象形字是"鹰"，读"构庚"音。两字合译为：夫冷构庚。

编号9

右边的字读"楚"音，左边的符号表示"门"，读作"孔"。两组符号合起来译作：楚孔。

编号10

右边的字读"楚"音，左边的符号表示"门"，读作"孔"。两组符号合起来译作：楚孔。

第一个符号代表"猪"，读作"布"。下方的符号表示"门"，读"孔"音。两符号合译作：布孔。

编号11

第一个符号是"猪"字，读作"布"音。下边的符号表示"背"，背脊的背，读"铎"音。两字组合读作：布铎。

编号12

同上，第一个符号是"猪"字，读作"布"音。下边是"油"字，读"曼"音。此宿译为：布曼。

编号 13

上方的象形字是"蕊星"，下方的符号在纳西象形文中表示兵器"矛"，读"鲁"音。此宿译为：蕊古鲁。

编号 14

上方的象形文字是"蕊星"，下方的符号表示"角"，读作"夸"。此宿译为：蕊夸。

编号 15

此符号表示"蕊"星的耳朵，"耳"或"耳朵"，读"亨"音。两字组合译作：蕊亨。

编号 16

上边的字读作"蕊星"，下面的象形文字是"颈""脖颈"，读"江"音。两字组合音译为：蕊江。

编号 17

上方的第一个字是"蕊星"，下方的符号是"油"字，"曼"音。两组符号合起来译作：蕊曼。

编号 18

上面的符号代表"蕊星"，下方的符号应是表"督"音，此宿译作：蕊督。

编号 19

上边的符号是"花"字，读"巴"音。下边的符号表示"蕊星"。此宿译作：蕊巴。

编号 20

上方的符号是"蕊星"。下边的象形符号表示是大腿骨，读"齐"。此宿译作：蕊齐。

编号 21

上边的符号表示"蕊星"，第二个符号表示"脚"，读"崩"音。此宿为"蕊星脚"，译作：蕊崩。

编号 22

第一字是"豪猪"，读"毕布"。第二字是"蒜"，读"枯"音。此宿为：毕布枯。

编号 23

同上，第一字是"豪猪"，读"毕布"。第二字是"尾、尾巴"，读"满"音。此宿译作：毕布满。

编号 24

第一个字是"马"，读"柔"音。下面的象形文字表"正"音。两字组合音译为：柔正。

编号 25

第一个象形字是"蛙"字，读"巴"音。下方的符号表示"门"，读作"孔"。此宿译作：巴孔。

编号 26

同上，第一个字是"蛙"，读"巴"音。下方的符号是"沫"字，读"毕"音。此宿应译作：巴毕。

编号 27

这两个符号是标音字，读作"娜格"。

编号 28

上面的符号表示"塔"字，下边是"鹰"字，读"构"音。此宿译作：塔构。

（4）星宿意译

此星宿排序图记载的星宿名称和排列顺序大部分和我们释译的其他星轮图顺序基本相同，第十七宿图中写作"蕊曼"，应为误写，我们将它释作"蕊古"，其具体的星宿排列应为：

第一宿：创昌夸，意译为：六星角；第二宿：创昌古，意译为：六星身；第三宿：谬许糯庚，意译为：红眼星；第四宿：司托夸，意译为：三星角；第五宿：司托古，意译为：三星身；第六宿：庚盘吉孔，意译为：水头星；第七宿：庚盘吉满，意译为：水尾星；第八宿：夫冷构庚，意译为：稚鹰星；第九宿，楚孔，意译为：泉眼星；第十宿：布孔，意译为：猪嘴星；第十一宿：布铎，意译为：猪身星；第十二宿：布曼，意译为：猪油星；第十三宿：蕊古鲁，意译为：蕊星头；第十四宿：蕊夸，意译为：蕊星角；第十五宿：蕊亨，意译为：蕊星耳；第十六宿：蕊江，意译为：蕊星颈；第十七宿：蕊古，意译为：蕊星身；第十八宿：蕊督，意译为：蕊星胃；第十九宿：蕊巴，意译为：蕊星花或蕊星阴；第二十宿：蕊齐，意译为：蕊肩花；第二十一宿：蕊崩，意译为：蕊星脚；第二十二宿：毕布枯，意译为：豪猪头星；第二十三宿：毕布满，意译为：豪猪尾星；第二十四宿：柔正，意译为：马星；第二十五宿：巴孔，意译为：蛙嘴星；第二十六宿：巴毕，意译为：蛙沫星；第二十七宿：娜格，意译为：黑雷星；第二十八宿：塔构，意译为：塔星。

（5）日历还原

整理上述星轮图星宿名称顺序如下：

第一宿：创昌夸；第二宿：创昌古；第三宿：谬许糯庚；第四宿：司托夸；第五宿：司托古；第六宿：庚盘吉孔；第七宿：庚盘吉满；第八宿：夫冷构庚；第九宿：楚孔；第十宿：布孔；第十一宿：布铎；第十二宿：布曼；第十三宿：蕊古鲁；第十四宿：蕊夸；第十五宿：蕊亨；第十六宿：蕊江；第十七宿：蕊古；第十八宿：蕊督；第十九宿：蕊巴；第二十宿：蕊齐；第二十一宿：蕊崩；第二十二宿：毕布枯；第二十三宿：毕布满；第二十四宿：柔正；第二十五宿：巴孔；第二十六宿：巴毕；第二十七宿：娜格；第二十八宿：塔构。

整理星轮图一年十二个月的月首当值星，如下：

1. 正月初一日，由毕布满星当值。2. 二月初一日，由巴孔星当值。3. 三月初一日，由娜格星当值。4. 四月初一日，由创昌夸星当值。5. 五月初一日，由谬许糯庚星当值。6. 六月初一日，由司托古星当值。7. 七月初一日，由庚盘吉满星当值。8. 八月初一日；由楚孔星当值。9. 九月初一日，由布曼星当值。10. 十月初一日，由蕊夸星当值。11. 十一月初一日，由蕊古星当值。12. 十二月初一日，由蕊崩星当值。

根据以上条件，还原日历如下：

正月初一，由毕布满星当值。

一日 毕布满（23）　　二日 柔正（24）　　三日 巴孔（25）

四日 巴毕（26）　　五日 娜格（27）　　六日 塔构（28）　　七

日 创昌夸（1）　　八日 创昌古（2）　　九日 谬许糯庚（3）

十日 司托夸（4）　　十一日 司托古（5）　　十二日 吉孔（6）

十三日 吉满（7）　　十四日 夫冷构庚（8）　　十五日 楚孔（9）

十六日 布孔（10）　　十七日 布铎（11）　　十八日 布曼（12）

十九日 蕊古鲁（13）　　二十日 蕊夸（14）　　二十一日 蕊亨（15）

二十二日 蕊江（16）　　二十三日 蕊古（17）　　二十四日 蕊

督（18）　　二十五日 蕊巴（19）　　二十六日 蕊齐（20）

二十七日 蕊崩（21）　　二十八日 毕布枯（22）　　二十九日

毕布满（23）　　三十日 柔正（24）

二月初一，由巴孔星当值。

一日 巴孔（25）　　二日 巴毕（26）　　三日 娜格（27）　　四

日 塔构（28）　　五日 创昌夸（1）　　六日 创昌古（2）　　七

日 谬许糯庚（3）　　八日 司托夸（4）　　九日 司托古（5）

十日 吉孔（6）　　十一日 吉满（7）　　十二日 夫冷构庚（8）

十三日 楚孔（9）　　十四日 布孔（10）　　十五日 布铎（11）

十六日 布曼（12）　　十七日 蕊古鲁（13）　　十八日 蕊夸（14）

十九日 蕊亨（15）　　二十日 蕊江（16）　　二十一日 蕊古（17）

二十二日 蕊督（18）　　二十三日 蕊巴（19）　　二十四日 蕊

齐（20）　　二十五日 蕊崩（21）　　二十六日 毕布枯（22）

二十七日 毕布满（23）　　二十八日 柔正（24）　　二十九日

巴孔（25）　　三十日 巴毕（26）

三月初一，由娜格星当值。

一日 娜格（27）　　二日 塔构（28）　　三日 创昌夸（1）　　四日 创昌古（2）　　五日 谬许糯庚（3）　　六日 司托夸（4）　　七日 司托古（5）　　八日 吉孔（6）　　九日 吉满（7）　　十日 夫冷构庚（8）　　十一日 楚孔（9）　　十二日 布孔（10）　　十三日 布铎（11）　　十四日 布曼（12）　　十五日 蕊古鲁（13）　　十六日 蕊夸（14）　　十七日 蕊亨（15）　　十八日 蕊江（16）　　十九日 蕊古（17）　　二十日 蕊督（18）　　二十一日 蕊巴（19）　　二十二日 蕊齐（20）　　二十三日 蕊崩（21）　　二十四日 毕布枯（22）　　二十五日 毕布满（23）　　二十六日 柔正（24）　　二十七日 巴孔（25）　　二十八日 巴毕（26）　　二十九日 娜格（27）　　三十日 塔构（28）

四月初一，由创昌夸星当值。

一日 创昌夸（1）　　二日 创昌古（2）　　三日 谬许糯庚（3）　　四日 司托夸（4）　　五日 司托古（5）　　六日 吉孔（6）　　七日 吉满（7）　　八日 夫冷构庚（8）　　九日 楚孔（9）　　十日 布孔（10）　　十一日 布铎（11）　　十二日 布曼（12）　　十三日 蕊古鲁（13）　　十四日 蕊夸（14）　　十五日 蕊亨（15）　　十六日 蕊江（16）　　十七日 蕊古（17）　　十八日 蕊督（18）　　十九日 蕊巴（19）　　二十日 蕊齐（20）　　二十一日 蕊崩（21）　　二十二日 毕布枯（22）　　二十三日 毕布满（23）　　二十四日 柔正（24）　　二十五日 巴孔（25）　　二十六日 巴毕（26）　　二十七日 娜格（27）　　二十八日 塔构（28）　　二十九日 创昌夸（1）　　三十日 创昌古（2）

五月初一，由谬许糯庚星当值。

一日 谬许糯庚（3） 二日 司托夸（4） 三日 司托古（5）
四日 吉孔（6） 五日 吉满（7） 六日 夫冷构庚（8） 七
日 楚孔（9） 八日 布孔（10） 九日 布铎（11） 十日 布
曼（12） 十一日 蕊古鲁（13） 十二日 蕊夸（14） 十三
日 蕊亨（15） 十四日 蕊江（16） 十五日 蕊古（17）
十六日 蕊督（18） 十七日 蕊巴（19） 十八日 蕊齐（20）
十九日 蕊崩（21） 二十日 毕布枯（22） 二十一日 毕布满（23）
二十二日 柔正（24） 二十三日 巴孔（25） 二十四日 巴毕（26）
二十五日 娜格（27） 二十六日 塔构（28） 二十七日 创昌
夸（1） 二十八日 创昌古（2） 二十九日 谬许糯庚（3）
三十日 司托夸（4）

六月初一，由司托古星当值。

一日 司托古（5） 二日 吉孔（6） 三日 吉满（7） 四日
夫冷构庚（8） 五日 楚孔（9） 六日 布孔（10） 七日 布
铎（11） 八日 布曼（12） 九日 蕊古鲁（13） 十日 蕊夸（14）
十一日 蕊亨（15） 十二日 蕊江（16） 十三日 蕊古（17）
十四日 蕊督（18） 十五日 蕊巴（19） 十六日 蕊齐（20）
十七日 蕊崩（21） 十八日 毕布枯（22） 十九日 毕布满（23）
二十日 柔正（24） 二十一日 巴孔（25） 二十二日 巴毕（26）
二十三日 娜格（27） 二十四日 塔构（28） 二十五日 创
昌夸（1） 二十六日 创昌古（2） 二十七日 谬许糯庚（3）
二十八日 司托夸（4） 二十九日 司托古（5） 三十日 吉孔（6）

七月初一，由吉满星当值。

一日 吉满（7）　二日 夫冷构庚（8）　三日 楚孔（9）　四日 布孔（10）　五日 布铎（11）　六日 布曼（12）　七日 蕊古鲁（13）　八日 蕊夸（14）　九日 蕊亨（15）　十日 蕊江（16）　十一日 蕊古（17）　十二日 蕊督（18）　十三日 蕊巴（19）　十四日 蕊齐（20）　十五日 蕊崩（21）　十六日 毕布枯（22）　十七日 毕布满（23）　十八日 柔正（24）　十九日 巴孔（25）　二十日 巴毕（26）　二十一日 娜格（27）　二十二日 塔构（28）　二十三日 创昌夸（1）　二十四日 创昌古（2）　二十五日 谬许糯庚（3）　二十六日 司托夸（4）　二十七日 司托古（5）　二十八日 吉孔（6）　二十九日 吉满（7）　三十日 夫冷构庚（8）

八月初一，由楚孔星当值。

一日 楚孔（9）　二日 布孔（10）　三日 布铎（11）　四日 布曼（12）　五日 蕊古鲁（13）　六日 蕊夸（14）　七日 蕊亨（15）　八日 蕊江（16）　九日 蕊古（17）　十日 蕊督（18）　十一日 蕊巴（19）　十二日 蕊齐（20）　十三日 蕊崩（21）　十四日 毕布枯（22）　十五日 毕布满（23）　十六日 柔正（24）　十七日 巴孔（25）　十八日 巴毕（26）　十九日 娜格（27）　二十日 塔构（28）　二十一日 创昌夸（1）　二十二日 创昌古（2）　二十三日 谬许糯庚（3）　二十四日 司托夸（4）　二十五日 司托古（5）　二十六日 吉孔（6）　二十七日 吉满（7）　二十八日 夫冷构庚（8）　二十九日 楚孔（9）　三十日 布孔（10）　三十一日 布铎（11）

九月初一，由布曼星当值。

一日 布曼（12）　二日 蕊古鲁（13）　三日 蕊夸（14）
四日 蕊亨（15）　五日 蕊江（16）　六日 蕊古（17）　七
日 蕊督（18）　八日 蕊巴（19）　九日 蕊齐（20）　十日
蕊崩（21）　十一日 毕布枯（22）　十二日 毕布满（23）
十三日 柔正（24）　十四日 巴孔（25）　十五日 巴毕（26）
十六日 娜格（27）　十七日 塔构（28）　十八日 创昌夸（1）
十九日 创昌古（2）　二十日 谬许糯庚（3）　二十一日 司
托夸（4）　二十二日 司托古（5）　二十三日 吉孔（6）
二十四日 吉满（7）　二十五日 夫冷构庚（8）　二十六日
楚孔（9）　二十七日 布孔（10）　二十八日 布铎（11）
二十九日 布曼（12）　三十日 蕊古鲁（13）

十月初一，由蕊夸星当值。

一日 蕊夸（14）　二日 蕊亨（15）　三日 蕊江（16）　四
日 蕊古（17）　五日 蕊督（18）　六日 蕊巴（19）　七
日 蕊齐（20）　八日 蕊崩（21）　九日 毕布枯（22）　十
日 毕布满（23）　十一日 柔正（24）　十二日 巴孔（25）
十三日 巴毕（26）　十四日 娜格（27）　十五日 塔构（28）
十六日 创昌夸(1)　十七日 创昌古(2)　十八日 谬许糯庚(3)
十九日 司托夸(4)　二十日 司托古(5)　二十一日 吉孔(6)
二十二日 吉满（7）　二十三日 夫冷构庚（8）　二十四
日 楚孔（9）　二十五日 布孔（10）　二十六日 布铎（11）
二十七日 布曼（12）　二十八日 蕊古鲁（13）　二十九日 蕊
夸（14）　三十日 蕊亨（15）　三十一日 蕊江（1）

十一月初一，由蕊古星当值。

一日 蕊古（17） 二日 蕊督（18） 三日 蕊巴（19） 四日 蕊齐（20） 五日 蕊崩（21） 六日 毕布枯（22） 七日 毕布满（23） 八日 柔正（24） 九日 巴孔（25） 十日 巴毕（26）十一日 娜格（27） 十二日 塔构（28） 十三日 创昌夸（1）十四日 创昌古（2） 十五日 谬许糯庚（3） 十六 司托夸（4）十七日 司托古（5） 十八日 吉孔（6） 十九日 吉满（7）二十日 夫冷构庚（8）二十一日 楚孔（9） 二十二日 布孔（10）二十三日 布铎（11） 二十四日 布曼（12） 二十五日 蕊古鲁（13） 二十六日 蕊夸（14） 二十七日 蕊亨（15）二十八日 蕊江（16） 二十九日 蕊古（17） 三十日 蕊督（18）三十一日 蕊巴（19）三十二日 蕊齐（20）

十二月初一，由蕊崩星当值。

一日 蕊崩（21） 二日 毕布枯（22） 三日 毕布满（23）四日 柔正（24） 五日 巴孔（25） 六日 巴毕（26） 七日 娜格（27） 八日 塔构（28） 九日 创昌夸（1） 十日 创昌古（2） 十一日 谬许糯庚（3） 十二日 司托夸（4）十三日 司托古（5） 十四日 吉孔（6） 十五日 吉满（7）十六日 夫冷构庚（8） 十七日 楚孔（9） 十八日 布孔（10）十九日 布铎（11） 二十日 布曼（12） 二十一日 蕊古鲁（13）二十二日 蕊夸（14） 二十三日 蕊亨（15） 二十四日 蕊江（16） 二十五日 蕊古（17） 二十六日 蕊督（18）二十七日 蕊巴（19） 二十八日 蕊齐（20） 二十九日 蕊崩（21） 三十日 毕布枯（22）

（6）小结

通过对此星轮图的研究整理，我们得到以下结果：

（1）正月初一日，由毕布满星当值；二月初一日，由巴孔星当值；三月初一日，由娜格星当值；四月初一日，由创昌夸星当值；五月初一日，由谬许糯庚星当值；六月初一日，由司托古星当值；七月初一日，由庚盘吉满星当值；八月初一日；由楚孔星当值；九月初一日，由布曼星当值；十月初一日，由蕊夸星当值；十一月初一日，由蕊古星当值；十二月初一日，由蕊崩星当值。

（2）此星轮图完整记录了二十八星宿的名称和排列顺序依次为：

第一宿：创昌夸；第二宿：创昌古；第三宿：谬许糯庚；第四宿：司托夸；第五宿：司托古；第六宿：庚盘吉孔；第七宿：庚盘吉满；第八宿：夫冷构庚；第九宿：楚孔；第十宿：布孔；第十一宿：布铎；第十二宿：布曼；第十三宿：蕊古鲁；第十四宿：蕊夸；第十五宿：蕊亨；第十六宿：蕊江；第十七宿：蕊古；第十八宿：蕊督；第十九宿：蕊巴；第二十宿：蕊齐；第二十一宿：蕊崩；第二十二宿：毕布枯；第二十三宿：毕布满；第二十四宿：柔正；第二十五宿：巴孔；第二十六宿：巴毕；第二十七宿：娜格；第二十八宿：塔构。

（3）根据此星轮图排列年历，首先从第23宿毕布满开始，按星轮图给出的星宿顺序逐月往下排列，发现得到的日历结果，每个月的天数分布不均匀规律性不强，一月至七月都是 30 天；八月 31 天；九月 30 天；十月 31 天；十一月 32 天；十二月 30 天。全年排列到第 22 宿毕布枯结束，全年总天数为 364 天。

四、纳西二十八星宿名称及排列顺序研究

我们前面分别完成了五份星轮图的直译和意译工作，得到了各星轮图所载的月首当值星和星宿名称以及星宿排列顺序，并且依据上述条件，排列还原出相对应的日历。所得数据将是我们下一步研究的基础素材，我们将把这些材料进行对比，以解析求证出相对合理的星宿名称及排列顺序，还将求证每月月首当值星的相对正确性，最终揭示星轮图所蕴含的奥秘。

具体步骤，首先，我们将前面使用的五份材料编号。把"东巴博物馆藏星轮图（一）"整理材料编为"一"号；把"东巴博物馆藏星轮图（二）"整理材料编为"二"号；把"丽江塔城东巴和顺绘星轮图"整理材料编为"三"号；把"哈佛馆藏经书 L-26 星宿排序图"整理材料编为"四"号；把"丽江大东乡哦洛举村星轮图"整理材料编为"五"号。然后，将五份材料中记载的星宿按各星轮图中的顺序列表分别进行对比，以便得到相对正确的纳西二十八星宿名称及排列顺序。

星宿名称及顺序排列对照表

	一	二	三	四	五
1	创昌夸	创昌夸	创昌夸	创昌夸	创昌夸
2	创昌古	创昌古	创昌古	创昌古	创昌古
3	谬许糯庚	谬许糯庚	谬许糯庚	谬许糯庚	谬许糯庚
4	司托夸	司托夸	司托夸	司托夸	司托夸
5	司托古	司托古	司托古	司托古	司托古
6	庚盘吉孔	庚盘吉孔	庚盘吉孔	庚盘吉孔	庚盘吉孔
7	庚盘吉满	庚盘吉满	庚盘吉满	庚盘吉满	庚盘吉满
8	夫冷构庚	夫冷构庚	夫冷构庚	夫冷构庚	夫冷构庚
9	楚孔	楚孔	布孔	楚孔	楚孔
10	布孔	布孔	布铎	布孔	布孔
11	布铎	布铎	布曼	布铎	布铎
12	布曼	布曼	蕊古鲁	布曼	布曼
13	蕊古鲁	蕊古鲁	蕊夸	蕊古鲁	蕊古鲁

14	蕊夸	蕊夸	蕊亨	蕊夸	蕊夸
15	蕊亨	蕊亨	蕊江	蕊亨	蕊亨
16	蕊江	蕊江	蕊古	蕊江	蕊江
17	蕊古	蕊古	蕊督	蕊古	蕊古
18	蕊督	蕊督	蕊巴	蕊督	蕊督
19	蕊巴	蕊巴	蕊齐	蕊巴	蕊巴
20	蕊齐	蕊齐	蕊崩	蕊齐	蕊齐
21	蕊崩	蕊崩	毕布枯	蕊崩	蕊崩
22	毕布枯	毕布枯	毕布满	毕布枯	毕布枯
23	毕布满	毕布满	柔正	毕布满	毕布满
24	柔正	柔正	巴孔	柔正	柔正
25	巴孔	巴孔	巴毕	巴孔	巴孔
26	巴毕	巴毕	巴满	巴毕	巴毕
27	娜格	娜格	娜格	娜格	娜格
28	塔构	塔构	塔构	塔构	塔构

根据对照表，将五份星轮图二十八宿名称及顺序进行统计对比：

第一宿：5 份材料的第一宿都是刨昌夸。

第二宿：5 份材料的第二宿都是刨昌古。

第三宿：5 份材料的第三宿都是谬许糯庚。

第四宿：5 份材料的第四宿都是司托夸。

第五宿：5 份材料的第五宿都是司托古。

第六宿：5 份材料的第六宿都是庚盘吉孔。

第七宿：5 份材料的第七宿都是庚盘吉满。

第八宿：5 份材料的第六宿都是夫冷构庚。

第九宿：材料一、二、四、五的第九宿是楚孔，材料三是布孔。

第十宿：材料一、二、四、五的第十宿是布孔，材料三是布铎。

第十一宿：材料一、二、四、五的第十一宿是楚孔，材料三是布孔。

第十二宿：材料一、二、四、五的第十二宿是布曼，材料三是蕊古鲁。

第十三宿：材料一、二、四、五的第十三宿是蕊古鲁，材料三是蕊夸。

第十四宿：材料一、二、四、五的第十四宿是蕊夸，材料三是蕊亨。

第十五宿：材料一、二、四、五的第十五宿是蕊亨，材料三是蕊江。

第十六宿：材料一、二、四、五的第十六宿是蕊江，材料三是蕊古。

第十七宿：材料一、二、四、五的第十七宿是蕊古，材料三是蕊督。

第十八宿：材料一、二、四、五的第十八宿是蕊督，材料三是蕊巴。

第十九宿：材料一、二、四、五的第十九宿是蕊巴，材料三是蕊齐。

第二十宿：材料一、二、四、五的第二十宿是蕊齐，材料三是蕊崩。

第二十一宿：材料一、二、四、五的二十一宿是蕊崩，材料三是毕布枯。

第二十二宿：材料一、二、四、五的第二十二宿是毕布枯，材料三是毕布满。

第二十三宿：材料一、二、四、五的第二十三宿是毕布满，材料三是柔正。

第二十四宿：材料一、二、四、五的第二十四宿是柔正，材料三是巴孔。

第二十五宿：材料一、二、四、五的第二十五宿是巴孔，材料三是巴毕。

第二十六宿：材料一、二、四、五的第二十六宿是巴毕，材料三是巴满。

第二十七宿：5份材料的第二十七宿都是娜格。

第二十八宿：5份材料的第二十八宿都是塔构。

　　以上统计结果显示，五份材料中的前八个星宿名称和排列顺序完全一致。到第九宿时，材料三记录的星宿与其他四份材料出现不一样的情况，这也导致了后面的顺序发生变化。但是，编号一、编号二、编号四、编号五的四份材料中的星宿名称及排列顺序几乎完全相同。通过查询发现这四份材料的来源地都出自丽江坝子附近（我们把这些材料称为"丽江类型"）。"丽江类型"（见后表）中的星宿名称及排列顺序完全相同，这很令人振奋，说明此类型传承有序，并未因时间的久远和人为因素而造成改变和错漏。

　　第三份材料来白塔城，星宿排序中没有第九宿楚孔，而多了第二十六宿巴满，过去我们曾在东巴古籍中见过类似记录，这类材料的来源地大都出自白地、俄亚等地，我们将这类材料称为"白地类型"（见后表）。

"丽江类型"星宿名称和排列顺序表

第一宿：创昌夸；　　　　　第二宿：创昌古；

第三宿：谬许糯庚；　　　　第四宿：司托夸；

第五宿：司托古；　　　　　第六宿：庚盘吉孔；

第七宿：庚盘吉满；　　　　第八宿：夫冷构庚；

第九宿：楚孔；　　　　　　第十宿：布孔；

第十一宿：布铎；　　　　　第十二宿：布曼；

第十三宿：蕊古鲁；　　　　第十四宿：蕊夸；

第十五宿：蕊亨；　　　　　第十六宿：蕊江；

第十七宿：蕊古；　　　　　第十八宿：蕊督；

第十九宿：蕊巴；　　　　　第二十宿：蕊齐；

第二十一宿：蕊崩；　　　　第二十二宿：毕布枯；

第二十三宿：毕布满；　　　第二十四宿：柔正；

第二十五宿：巴孔；　　　　第二十六宿：巴毕；

第二十七宿：娜格；　　　　第二十八宿：塔构。

"白地、俄亚类型"星宿名称和排列顺序表

第一宿：创昌夸；　　　　第二宿：创昌古；

第三宿：谬许糯庚；　　　第四宿：司托夸；

第五宿：司托古；　　　　第六宿：吉孔；

第七宿：吉满；　　　　　第八宿：夫冷构庚；

第九宿：布孔；　　　　　第十宿：布铎；

第十一宿：布曼；　　　　第十二宿：蕊古鲁；

第十三宿：蕊夸；　　　　第十四宿：蕊亨；

第十五宿：蕊江；　　　　第十六宿：蕊古；

第十七宿：蕊督，　　　　第十八宿：蕊巴；

第十九宿：蕊齐；　　　　第二十宿：蕊崩；

第二十一宿：毕布枯；　　第22宿：毕布满；

第23宿：柔正；　　　　　第24宿：巴孔；

第25宿：巴毕；　　　　　第26宿：巴满；

第27宿：娜格；　　　　　第28宿：塔星。

五、月首当值星研究

月首当值星，是纳西星轮图中的专用名词。纳西先民用二十八星宿纪日，每天按特定的顺序，一天由一宿纪日，这种纪日法称为二十八星宿轮值纪日法，而每月第一天的当值星宿，就称为月首当值星。纳西先民记忆日历的方式很特别，他们首先熟记二十八星宿名称顺序，再记牢每月的月首当值星宿，这样配合起来就记住日历了。我们在研究这种历法时，首先遇到的问题是二十八星宿的名称和顺序，接下来的问题就是如何确定月首当值星。纳西先民制定这种历法，依凭的是对月亮、天象的观察，然而，如今拥有这种本领的人已是凤毛麟角，无处寻觅。要弄清此历法，只能从古籍入手。

我们将对各份材料中每月的月首当值星进行比对，找出规律演算求证，才能得出相对正确的月首当值星宿。具体步骤是，首先，将五份材料编号。把"东巴博物馆藏星轮图（一）"编为"一"号；把"东巴博物馆藏星轮图（二）"编为"二"号；把"丽江塔城东巴和顺绘星轮图"编为"三"号；把"哈佛馆藏经书L-26星宿排序图"编为"四"号；把"丽江大东乡哦洛举村星轮图"编为"五"号。

五份材料月首当值星对照表

	一	二	三	四	五
正月	毕布枯	毕布枯	毕布枯	毕布枯	毕布满
二月	柔正	柔正	巴孔	柔正	巴孔
三月	娜格	娜格	娜格	娜格	娜格
四月	创昌夸	创昌古	创昌夸	创昌古	创昌夸
五月	司托夸	司托夸	司托夸	司托夸	谬许糯庚
六月	吉孔	吉孔	吉孔	吉孔	司托古
七月	楚孔	夫冷构庚	夫冷构庚	夫冷构庚	吉满
八月	布铎	布铎	布曼	布铎	楚孔
九月	蕊夸	蕊古鲁	蕊亨	蕊古鲁	布曼
十月	蕊江	蕊亨	蕊古	蕊亨	蕊夸
十一月	蕊督	蕊督	蕊巴	蕊巴	蕊古
十二月	蕊崩	蕊齐	蕊崩	蕊齐	蕊崩

根据上表，将五份月首当值星进行统计对比：

正月：其中材料一、二、三、四的月首当值星都是第二十二宿毕布枯星；材料五的月首当值星是第二十三宿毕布满星。

正月当值星也是年历中的年首星（纳西历一月一日），也可理解为纳西族新年的第一天。通过实地走访，丽江以大研镇为中心的地区及周边地区，过去的新年确实是毕布枯这天，与古籍记录的年首星相符，据此我们可以肯定正月月首当值星是毕布枯。另外，通过在鲁甸、白地、维西调查后得知，这些地区的年首星是毕布满。据此可以判断古籍中记录正月月首当值星的经卷，都是出自以上地区。在纳西古籍中还有一种对正月当值星的记载是蕊崩，我们未收集到此资料，朱宝田、陈久金二位先生在著书时，就是使用此种版本，主要来源地是俄亚地区。

二月：其中材料一、二、四的月首当值星是第二十四宿柔正星；材料三、五的月首当值星是第二十五宿巴孔。

三月：其中材料一、二、三、四、五的月首当值星都是第二十七宿娜格。

四月：其中材料一、三、五的月首当值星都是第一宿创昌夸；材料二、四的月首当值星是第二宿创昌古。

五月：其中材料一、二、三、四的月首当值星是第四宿司托夸；材料二、四的月首当值星是第三宿谬许糯庚。

六月：其中材料一、二、三、四的月首当值星都是第六宿吉孔；材料五的月首当值星是第五宿司托古。

七月：其中材料一的月首当值星是第九宿楚孔；材料二、三、四月的当值星是第八宿夫冷构庚；材料五的月首当值星是第七宿吉满。

八月：其中材料一、二、四的月首当值星是第十一宿布铎；材料三的当值星是第十二宿布曼；材料五的月首当值星是毕布满。

九月：其中材料一的月首当值星是第十四宿蕊夸星；材料二、四的月首当值星是第十三宿蕊古鲁星；材料三的月首当值星第十五宿蕊亨；材料五的月首当值星是第十二宿布曼。

十月：其中材料一的月首当值星是第十六宿蕊江星；材料二、四的月首当值星是第十五宿蕊亨星；材料三的月首当值星是第十七宿蕊古；材料五的月首当值星是第十四宿蕊夸。

十一月：其中材料一、二的月首当值星是第十八宿蕊督星；材料三、四的月首当值星是第十九宿蕊巴星；材料五的月首当值星是第十七宿蕊古。

（注：这个月月首星的筛选，比较困难，蕊督星和蕊巴星都是各有两份材料记录，我们只好按先后顺序先选蕊督星。如果在验算过程中，出现问题，我们将换成蕊巴星再行验算。）

十二月：其中材料一、三、五的月首当值星是第二十一宿蕊崩星；材料二、四的月首当值星是第二十宿蕊齐星。

根据以上统计，对比整理后，得出月首当值星如下：

正月，月首当值星是第二十二宿毕布枯星；

二月，月首当值星是第二十四宿柔正星；

三月，月首当值星是第二十七宿娜格；

四月，月首当值星是第一宿创昌夸；

五月，月首当值星是第四宿司托夸；

六月，月首当值星是第六宿吉孔；

七月，月首当值星是第九宿夫冷构庚；

八月，月首当值星是第八宿布铎；

九月，月首当值星是第十三宿蕊古鲁星；

十月，月首当值星是第十五宿蕊亨星；

十一月，月首当值星是第十八宿蕊督星；

十二月，月首当值星是第二十一宿蕊崩星。

至此，我们得到了相对正确的纳西二十八星宿的星宿名称及排列顺序，并完成了五份星轮图中记载的一年十二个月的月首当值星比对，为日后完全破解纳西二十八星宿历打下坚实的基础。

主要参考文献：

［1］洛克. 纳西语英语百科辞典 [M]. 意大利：1963.

［2］李霖灿编著，和才读音，张琨记音. 麼些象形文字字典 [M]. 台北：台湾文史哲出版社，1972.

［3］朱宝田、陈久金. 纳西族东巴经中的天文知识（中国天文学史文集·第二集）[M]. 北京：科学山版社，1981.

［4］方国瑜编撰，和志武参订. 纳西象形文字谱 [M]. 昆明：云南人民出版社，1982.

［5］郭大烈编. 东巴文化论集 [A]. 昆明：云南民族出版杜，1985.

［6］和志武. 纳西东巴文化 [M]，长春：吉林教育出版社，1989.

［7］郭大烈编. 纳西文化大观 [A].（朱宝田、陈久金，〈纳西族的二十八宿与占星术〉），昆明：云南民族出版社，1999.

［8］东巴文化研究所论文选集 [A]. 第 377 页，李例芬，〈纳西族古天文与历法简介〉，云南民族出版社，2003.

［9］江晓原、钮卫星. 中国天学史 [M]. 上海：上海人民出版社，2005.

［10］李国文. 纳西族象形文字二十八宿值日星占图研究 [J]. 云南民族大学学报，2006.

［11］田松. 神灵世界的余韵 [M]. 上海：上海交通大学出版社，2008.

［12］杨正文. 最后的原始崇拜——白地东巴文化 [M]. 昆明：云南人民出版社，1999.

［13］东巴文化研究所编译. 纳西东巴古籍译注全集 [M]. 昆明：云南人民出版社，2000.

［14］鲍江. 象征的来历——叶青村纳西族东巴教仪式研究 [M]. 2008 年.

［15］陈久金. 中国少数民族天文学史 [M]. 北京：中国科学技术出版社，2008.

［16］喻遂生. 纳西东巴文研究丛稿（第二辑）[M]. 成都巴蜀书社，2008.

［17］王世英. 纳西东巴占卜典籍研究 [M]. 昆明：云南民族出版社，2008.

［18］和力民. 方国瑜笔下的纳西族东巴天文二十八宿 [J]. 丽江文化，2010.

［19］和力民. 周汝诚笔下的纳西族东巴天文二十八宿 [J]. 丽江文化，2010.

［20］戈阿干. 纳西祭星经和象形文星历书 [M]. 线装书局，2014.

［21］周寅. 纳西族古代天文历法研究 [D]. 论文，2015.

后　记

　　值此完书之际，最想表达的就是感谢！感谢云南省民族宗教事务委员会、云南民族大学的大力支持，感谢郭大烈老师、李德静老师、王世英老师、和匠宇老师无私的帮助，感谢云南美术出版社，感谢社会各界关心我们的朋友，在你们的共同努力下促成了此书的出版，衷心感谢！